과학 방법

김명석

이 책은 2019년 대한민국 교육부와 한국연구재단의 지원을 받아 수행된
연구 저술입니다. NRF-2019S1A5A2A01035634. 대한민국 교육부와 한국
연구재단에 고맙습니다.

머리말

이 책은 과학에 이르는 방법을 이야기한다. '과학에 이르는 방법'은 짧게 과학 방법 또는 알길이다. 나는 과학 방법을 크게 추론, 측정, 해석으로 나눈다. 무슨 과학이든 추론, 측정, 해석 가운데 적어도 한 방법은 써야 한다. 추론은 모든 과학이 함께 쓰는 방법이다. 측정은 사물의 물성을 알아내는 과학 방법이다. 자연과학은 주로 측정의 방법으로 믿음직한 믿음을 얻는다. 측정은 자연과학의 고유방법인 셈이다. 여기서 고유방법이란 오직 해당 과학에서만 쓰는 방법을 뜻하지 않는다. 다만 해당 과학의 본모습을 결정짓는 방법을 뜻한다. 만일 과학 방법에 추론과 측정밖에 없다면 사람을 다루든 사회를 다루든 인문사회과학은 자연과학의 모습을 띨 수밖에 없다. 인문사회과학의 고유방법이 있어야 하겠는데 그것은 해석의 방법이다. 해석은 사물의 심성을 알아내는 과학 방법이다.

이 이야기는 많은 다른 이야기를 품고 있다. 그 하나는 철학과 과학의 관계다. 오랫동안 철학자들은 과학에서 철학을 떼놓으려고 애썼다. 철학을 '과학의 원리', '과학의 과학', '과학의 바탕', '메타과학' 따위로 이해했다. 이 이해에 반대하는 이들은 철학을 과학의 가지로 여겼다. 철학을 과학의 가지로 여기는 이들이 염두에 둔 과학은 자연과학이다. 나는 과학을 참말들의 짜임 또는 믿음직한 믿음들의 짜임으로 이해한다. 철학도 참말을 찾아 모으는 과학이다. 그렇다고 철학이 자연과학의 가지인 것은 아니다. 나는 철학을 인문과학의 가지로 여긴다. 당연히 철학은 틀릴 수 있는 체계다. 다른 과학들처럼 철학도 믿음직한 믿음들의 짜임이다. 또한 다른 과학들처럼 철학의 주장도 차츰 더 믿음직해질 수 있다. 이 점에서 철학은 진보한다.

과학 방법에 관한 나의 이야기에는 '사람'을 제대로 바라보는 시각이 들어있다. 한 사람 한 사람이 모두 다른 까닭은 그들이 다른 신경과 다른 유전자를 가졌기 때문만이 아니다. 그 까닭은 그들이 다른 믿음과 다른 바람을 가졌기 때문이기도 하다. 방탄소년단이 노래했듯이 한 사람 한 사람은 작은 세계며 작은 우주다. "한 사람에 하나의 역사, 한 사람에 하나의 별, 칠십억 개의 빛으로 빛나는 칠십억 가지의 세계." 만일 자연과학만으로 한 사람을 알아내려면 자연과학자는 그를 유전자, 신경, 세포, 호르몬 따위로 하나하나 쪼개 그것들의 물성을 측정하고, 그 물리 어휘들로 그 한 사람을 기술한다. 하지만 이것은 그 한 사람을 하나의 세계로 만드는 일이 아니라 매우 복잡한 하나의 물체로 만드는 일이다. 이것은 자연과학이 사물을 기술하고 이해하는 방식이다.

인문사회과학은 한 사람을 이해하려고 그를 해석

한다. 그를 제대로 해석하려면 그가 겪었던 일, 그가 뜻을 갖고 했던 일, 그가 만난 사람들과 나눈 이야기를 살펴보아야 한다. 인문사회과학자는 이 해석을 거쳐 그 한 사람 안에서 끝없이 이어지고 끝없이 서로 맞물린 명제들의 짜임을 본다. 그는 이런 명제를 믿고 그런 명제를 바라고 저런 명제를 두려워하거나 뉘우치거나 아쉬워한다. 너는 나와 영원히 다르며, 나는 너를 영원히 파악하지 못하고, 나는 너를 영원히 사로잡을 수 없다. 해석은 이것을 알아가는 기나긴 과정이다. 이 해석으로 너는 나와 다른 세계로 드러나며, 이윽고 한 사람 한 사람이 하나의 세계로서 나타난다. 너는 한결같은 이라기보다 사랑스러운 이며 사랑하는 이다.

목차

머리말　　3

01.　명제

0101. 과학은 앎들의 짜임이다.　　10
0102. 과학은 명제 꾸러미다　　17
0103. '참' 개념은 '명제' 개념을 앞선다　　25
0104. 하느님, 마음, 헤아림　　32
0105. 과학의 바탕 명제는 무엇인가?　　40
0106. 과학은 믿음들의 짜임이다　　46
0107. 나 혼자서는 알 수 없다　　53

02.　추론

0201. 반드시 추론　　62
0202. 말길　　69
0203. 추론규칙　　84
0204. 제1차 논리　　91
0205. 튼튼한 추론　　97
0206. 갈래짓기　　103
0207. 아마도 추론　　110
0208. 가설　　119
0209. 믿음직함　　127

03.　측정

0301. 물리량　　138
0302. 자연　　146

0303. 비율	**153**
0304. 한결	**159**
0305. 한결의 원리	**166**
0306. 코스모스	**173**

04. 해석

0401. 인문사회과학	**184**
0402. 행위이론과 사회이론	**192**
0403. 해석과 심성	**203**
0404. 마음의 힘	**212**
0405. 행위자의 합리성	**222**
0406. 사랑과 코뮌	**229**

05. 온갖 알길

0501. 추론은 자연과학의 고유방법인가?	**240**
0502. 인문사회과학은 자연과학 방법을 써서는 안 되는가?	**242**
0503. 자연과학은 추론과 측정의 방법만을 쓰는가?	**243**
0504. 실험은 곧 자연과학 방법인가?	**246**
0505. "휴먼 사이언스"라 불리는 인간과학은 인문사회과학인가?	**248**
0506. 행위자의 합리성을 가정하는 일은 인문학을 망치는가?	**250**
0507. "사피엔스", "사람", "행위자"는 똑같은 말인가?	**252**
0508. 빼어난 과학철학자들은 세 과학 방법을 어떻게 생각할까?	**255**
0509. 여러 가지 대안 방법들	**260**

고마움	**265**

명제

이 책은 과학에 이르는 방법을 이야기한다. '과학에 이르는 방법'을 짧게 "과학 방법" 또는 "알길"이라 한다. 나는 과학 방법을 크게 세 가지로 나누었다. 이들을 다음 장부터 세 장에 걸쳐 하나씩 설명할 것이다. 이 세 방법은 모두 문장 또는 명제를 써서 앎을 나타내고 얻는다. 이 때문에 먼저 첫장에서는 명제를 이야기하겠다. 인문과학이든, 사회과학이든, 자연과학이든 모든 과학 이론은 명제들로 이뤄져 있다. 하지만 '명제'가 무엇인지 이해하는 일은 처음 생각만큼 쉽지 않다.

0101. 과학은 앎들의 짜임이다.

과학이란 무엇인가? 깊이 들어가기 앞서 먼저 낱말의 뜻부터 이야기하는 것이 낫겠다. 잘 알다시피 "과학"은 영국말 "사이언스"science의 옮김말이다. "사이언스"는 라틴말 "스키엔티아"에서 왔다. 이는 움직씨 "스키오"를 이름씨로 바꾼 낱말이다. "스키오"는 '나는 안다'나 '나는 헤아린다'를 뜻한다. "스키오"는 더 멀리 인도유럽 할머니말 "스케이"나 "섹"에서 왔다. 이 낱말은 '자르다' '쪼개다' '가르다'를 뜻한다. 옛날 인도유럽 사람들의 '쪼개다'나 '가르다'가 왜 '안다'를 뜻하게 되었는지 어렴풋이 어림잡을 수 있다. 우리는 한 사물이 무엇인지 알려고 그것을 쪼개곤 한다. 우리는 사물과 사물을 갈래짓고 가름으로써 사물들을 알아나간다.

라틴말, 프랑스말, 영국말을 쓰는 곳에서 "사이언스"는 그냥 '앎'이나 '지식'을 뜻할 뿐이었다. 이 "사이언스"가 새로운 뜻을 갖게 된 것은 영국의 철학자 윌리엄 휴얼 덕분이다. 1833년 휴얼은 자연철학자나 실험철학자를 특별히 "사이언티스트"scientist라 부르는 것이 낫겠다고 말했다. "사이언티스트"를 뜻 그대로 우리말로 옮기면 '아는 이'다. 1840년에 그는 "사이언티스트란 수학자, 물리학자, 자연학자라 말할 수 있겠다"라고 썼다. 19세기 말에 차츰 "사이언티스트"와 "사이언스"가 미국에서 널리 쓰이게 되었고 20세기 초에 영국이 그 뒤를 따랐다. 뉴욕의 언론인 존 마이클은 토머스 에디슨과 그레이엄 벨의 자금을 받아 1880년에 학술지 《사이언스》를 창간했다.

한편 1874년에 일본의 학자 니시 아마네는 "사이언스"를 무심코 "과학"으로 옮겼다. 그는 일본 막부의 명령으로 서양에 유학을 간 첫 사람이었다. 그는 "과학"뿐만 아니라 "이성" "예술" "기술" 같은 옮김말도 새로 만들었다. "과학"에서 "과"科는 우리가 "과거시험" "과목" "학과" 따위에 쓰는 한자다. 아마네는 처음에 "사이언스"의 옮김말로 "학"을 골랐다. 여기에 "과"를 덧붙인 까닭은 학문의 개별 분야가 갖추어야 할 전문성을 강조하고 싶었기 때문인 것 같다. 우리나라에 이 낱말이 쓰인 것은 20세기가 들어선 다음이다. 장지연이 쓴 1909년의 《만국사물기원역사》에 낱말 "과학"이 나온다.

서구에서 낱말 "사이언스"와 동아시아에서 낱말 "과학"이 유행을 타게 된 것은 윌리엄 휴얼이 만든 낱말 "사이언티스트" 때문이다. 그에게 "사이언스"는 자연철학, 실험철학, 수학, 물리학, 자연학 따위를 뜻했다. 오늘날 낱말 "사이언스"와 "과학"을 쓰는 이들도 이렇게 좁은 뜻으로 이 낱말들을 이해한다. 하지만 '과학'에는 자연과학만 있지 않다. 논란의 여지가 있지만 인문과학과 사회과학도 과학이다. 나는 인문 연구가 과학일 수 있고 사회 연구가 과학일 수 있다고 생각한다.

서양 사람들이 낱말 "사이언스"를 쓰기 전에 더 즐겨 썼던 말은 "철학"이었다. 오늘날 여러 과학 분야들에서 고등교육의 마지막 단계에 '과학박사'가 아니라 '철학박사'를 준다. 이는 대학교에서 "과학" 대신에 오랫동안 "철학"을 써왔다는 흔적이다. "동물학"을 예전에 "동물철학"이라 했고 "자연과학"을 "자연철학"이라 했다. 뉴턴도 자신의 물리학을 '자연철학'으로 여겼다는 사실은 그의 책 제목에 그대로 나타나 있다. 루트비히 볼츠만이 20세기 초까지 대학에서 가르친 과목도 '자연철학'이었다.

휴얼과 아마네가 지성사에서 나타난 여러 학문을 어떻게 이해했든 우리가 "과학"이라 불렀던 학문들은 오랫동안 "철학"으로 불렸다. 한자 낱말 "철학"을 만든 이도 니시 아마네다. 그가 "철학"으로 옮긴 그리스말 "필로소피아"는 본디 '알고 싶음'을 뜻한다. 이 뜻을 그대로 살리면 "철학자" 곧 "필로소포스"는 '알고 싶은 이'를 뜻한다. 윌리엄 휴얼이 유행시킨 용례 때문에 그리스말 "필로소피아"는 영국말 "사이언스"로 바뀌고 그리스말 "필로소포스"는 영국말 "사이언티스트"로 바뀌었다. 결국 '알고 싶음'은 '앎'으로 바뀌고 '알고 싶은 이'는 '아는 이'로 바뀐 셈이다.

휴얼이 수학자, 물리학자, 자연학자, 실험철학자 같은 자연철학자만을 "사이언티스트"라 한 것은 처음에는 약간의 냉소였던 것 같다. "사이언티스트"는 "소피스트"를 떠올리게 한다. 소크라테스 같은 철학자들은 끊임없이 '아는 이'와 말싸움을 했다. '아는 이'는 그리스말로 "소피스테스"인데 영국말을 쓰는 이들은 이를 "소피스트"라 한다. 소크라테스와 그의 제자들이 소피스트와 다투었던 까닭은 그들이 실제로는 아는 이가 아니라 잘 모르면서 아는 체하는 이였기 때문이다. 소피스트는 '아는 이'가 아니라 '아는 체하는 이'였다. 마찬가지로 사이언티스트는 '아는 이'가 아니라 '아는 체하는 이'인지 모른다.

하지만 17세기 이후 수학자, 물리학자, 자연학자, 실험철학자 같은 자연철학자들은 정말로 앎을 얻게 되었다. 그들은 앎을 얻으려고 애쓰는 이들이지만 차츰 아는 이들로 자랐다. 수학, 물리학, 자연사, 실험철학 같은 자연철학은 자연에 관한 앎 곧 '자연과학'이 되었다. 그들 스스로를 "아는 이"라 불러도 될 만했다. 물론 20세기의 몇몇 과학철학자들은 과학자들이 소피스트 곧 아는 체하는 이가 되지 않도록 삼가야 한다고 경고했다.

자연과학들은 차츰 자연에 관한 앎들로 채워졌다. 우리는 먼저 "과학"을 '앎들의 짜임' '잘 짜인 앎들' '짜임새를 갖춘 앎들'로 이해하려 한다. 이렇게 이해한다면 '대상 X에 관한 과학'이란 '대상 X에 관한 앎들의 짜임'이다. 휴얼의 "사이언스"와 아마네의 "과학"은 마치 자연과학만 유일한 과학인 양 잘못 생각하게 한다. 이 생각으로부터 자연에 관한 자연과학 탐구만 앎을 줄 수 있다고 믿는 경향이 나온다. 이 경향을 "자연과학주의"라 부를 수 있다. 자연과학주의는 그 바탕에 자연법칙에 따라 움직이는 것만 있다는 생각 곧 자연주의를 깔고 있다. 자연과학 말고 다른 과학은 없는가? 만일 사람 마음이 있다면 나아가 그것이 자연법칙에 따라 움직이지 않는다면 우리는 사람 마음에 관한 앎을 얻을 수 있을까? 만일 그 앎을 얻는다면 그 앎들의 짜임은 "인문과학"이라 부를 수 있다. 만일 사람들의 사회가 자연법칙에 따라 움직이지 않는데도 우리가 그런 사회에 관한 앎을 얻는다면, 그 앎들의 짜임을 "사회과학"이라 부를 수 있다.

과학이 앎들의 짜임이라면 앎이란 무엇인가? 앎의 철학 곧 인식론은 오랫동안 '앎'과 '알다'를 깊이 따져 물었다. 현대 인식론은 "나는 X를 안다"의 뜻을 또렷이 드러내려고 애썼다. 학자들마다 생각이 다르겠지만 "나는 X를 안다"를 일단은 다음과 같이 이해하는 것이 좋겠다. 첫째, X는 사물이 아니라 명제다. "한 사물에 관해 안다"는 것은 "그 사물의 이름이 들어있는 명제를 안다"는 것이다. 둘째, "나는 X를 안다"는 "나는 까닭을 갖고 X를 참이라고 여기며 X는 참말로 참이다"를 뜻한다. 여기서 "참이라고 여긴다"를 짧게 "믿는다"고 한다. "까닭을 갖고 믿은 믿음"을 어려운 말로 "정당화된 믿음"이라 한다. 이 말을 쓰면 앎은 곧 '정당화된 참인 믿음'이다. 또 "까닭"을 다른 말로 "이유"라고 하는데 이것은 서양에서 "이성"이나 "합리"와 같은 말이다. '까닭을 갖고 믿은 믿음'

은 '이유 있는 믿음' '이성을 따르는 믿음' '이성에 맞는 믿음' '합리 믿음'이다.

믿음과 앎은 매우 다르다. 철학자들은 이 둘이 매우 다르다는 것을 줄기차게 주장했다. 믿음은 아무나 손쉽게 가질 수 있지만 앎은 그렇지 않다. 믿음에서 앎으로 건너가려면 길을 잘 골라야 하고 그 길을 애써 따라 걸어야 한다. 믿음에서 앎으로 가는 길을 "과학 방법" 또는 "알길"이라 한다. 사람들은 여러 알길을 두고 어느 길이 더 믿을 만한 길인지 다투었다. 하느님이나 영원에 관한 앎을 매우 중요하게 여기는 이들은 계시의 길, 은총의 길, 깨달음의 길을 내세웠다. 우리 주변 환경과 일상 삶에 관한 앎을 주로 탐구했던 이들은 경험의 길, 겪음의 길을 내세웠다. 자연 전체에 관한 짜임새 있는 앎을 쫓고 좇았던 이들은 이성의 길, 추론의 길, 헤아림의 길을 내세웠다. 그 길을 잘 따라가면 앎 곧 과학이 나오는 길이 있기나 할까? 내 생각에 인문과학, 사회과학, 자연과학에 이르는 저 나름의 길들이 있다. 이들 과학이 모두 공유하는 길도 있는데 그것은 추론의 길이다.

우리가 "방법"으로 옮기는 영국말 "매써드"[method]는 그리스말 "메토도스"에서 왔다. 이를 말뜻 그대로 풀면 '길 따라'를 뜻한다. 따라서 영국말 "사이언티픽 매써드"[scientific method]를 "알길"로 옮긴 것은 본디 말뜻을 잘 살린 것이다. '알길'을 뜻하는 다른 어려운 말 가운데 그리스말 "오르가논" 또는 라틴말 "오르가눔"이 있다. 아리스토렐레스의 논리학 책들을 묶어 《오르가논》이라 한다. 프랜시스 베이컨이 새로운 과학 방법을 제안하려고 쓴 책 이름은 《노붐 오르가눔》이다. 이 제목을 토박이말로 옮기면 《새 연장》이 되겠다. "오르가논"은 본디 일할 때 도움을 주는 '연장' '도구' '기관'을 뜻한다. "오르가논"은 "에너지"와 같은 뿌리에서 나왔다. 그것은 그리스말 "에르곤"인데 이는 '일' '함'을 뜻한다. 이 낱말은 인도유럽 할머니말 "웨르그"에서 왔다. "웨르그"의 흔적은 영국말 "워크"나 독일말 "베르크"에 남아있다. 오르가논은 아는 일을 하는 데 도움을 주는 연장이다. 이 책에서 나는 '오르가논' '과학 방법' '알길'을 간추릴 것이다.

0102. 과학은 명제 꾸러미다

과학은 앎들의 짜임이다. 앎은 무엇으로 이뤄져 있는가? 이 물음에 고대 철학자는 "형상"이라 답했고 초기 근대 철학자는 "관념"이라 말했지만 오늘날 철학자는 "명제"라고 답한다. 조금 따분하겠지만 이 세 개념들의 역사를 짧게 간추리겠다. 고대 인식론에서 사물을 안다는 것은 곧 그 사물의 본모습을 보는 것을 뜻했다. '이론'을 뜻하는 영국말 "씨어리"^{theory}는 그리스말 "테오리아"에서 왔는데 이것도 보는 것과 관련 있다. 고대 그리스 철학자들은 사물의 본모습을 "이데아"나 "에이도스"라 했다. "이데아"는 터키 서해안 이오니아 사투리에 뿌리를 두었고 "에이도스"는 알렉산드로스의 병사들이 쓴 코이네 그리스말에 뿌리를 두었다. 이 두 낱말은 인도유럽 할머니말 "웨이드"에서 왔다. "웨이드"를 이름씨로 바꾸면 "웨이도스"가 된다. "웨이드"는 '보다'를 뜻하고 "웨이도스"는 '봄'이나 '이미지'를 뜻한다. '앎'을 뜻하는 산스크리트말 "베다스"도 "웨이도스"에서 왔다. 유럽말들에서는 "비데오"라는 낱말에 그 흔적이 남아있다. "이데아"와 "에이도스"를 말뜻 그대로 옮기면 "보임새"가 되겠다. "이데아"와 "에이도스"를 우리나라에서는 "형상"이나 "꼴"로 옮긴다.

고대 그리스 철학자들에게 사물을 안다는 것은 곧 사물의 꼴^{이데아}을 보는 것이었다. 그들에게 앎은 있는 그대로의 꼴을 꾸밈없이 또렷이 보는 것이다. 고대의 '꼴' 개념은 여러 뿌리에서 나왔지만 엠페도클레스의 이론이 특히 중요하다. 그에 따르면 모든 사물은 물 불 흙 숨이 알맞은 비율로 섞여 있다. 그는 이 혼합 비율이 그 사물을 정의^{뜻매김}한다고 생각했다. 여기에 나오는 '비율'과 '정의'를 뜻하는 그리스말이 있는데 바로 "로고스"다. 사물을 이루는 원소들의 혼합 비율은 그 사물을 정의하며 그 사물의 본모습을 알려준다.

플라톤은 엠페도클레스의 네 가지 원소를 정사면체, 정육면체, 정팔면체, 정이십면체로 그렸다. 이들 다면체는 다시 정삼각형과 정사각형으로 이뤄졌다. 두 가지 직각이등변삼각형으로 정삼각형과 정사각형을 만들어낼 수 있다. 플라톤에 따르면 이 두 가지 세모꼴이 이런저런 짜임새를 이루어 네 가지 원소를 만든다. 이처럼 그는 원소들로 이뤄진 복합물뿐만 아니라 원소까지 꼴로 바꾸었다. 플라톤에게 두 가지 세모꼴은 모든 이야기를 만들어내는 낱소리^{음소}와 같았다. 세계는 이 두 낱소리로 만들어진 이야기다. 여기서 '낱소리'를 뜻하는 그리스말은 "스토이케이온"인데 이를 동아시아에서 "원소"로 옮긴다. 처음에 "스토이케이온"은 '잇따르는 줄의 한 조각'을 뜻했다. 보기로 '시간에 따라 움직이는 해시계 바늘의 그림자'나 '내뱉는 말소리를 이루는 낱소리' 같은 것이다. 아낙시만드로스는 이를 '우주를 이루는 밑바탕 조각'을 뜻하는 말로 쓰기 시작했다. 나는 "스토이케이온"을 "밑알"이나 "낱알"로 옮긴다.

플라톤은 앎의 대상 또는 앎의 표현으로 꼴을 맨 앞에 내세웠다. 그는 앎의 실마리가 우리 몸 바깥에서 들어오는 것이 아니라 마음에 이미 갖춰져 있다고 생각했다. 마음이 몸 안에 갇히기 전에 우리 마음은 사물의 본모습을 이미 본 적이 있다. 마음 안에 미리 갖춰진 정보는 '우리가 이미 보았던 것'이다. '보았던 것'이나 '보인 것'을 그리스말로 바꾸면 바로 "이데아" 또는 "에이도스"가 된다. 플라톤은 그냥 '보임새'나 '꼴'을 뜻하는 일상어 "이데아"와 "에이도스"를 학술 용어로 올려놓았다. 그에 따르면 사물을 제대로 알려면 사물을 몸으로 느끼는 것을 멈추고 마음으로 그 사물을 제대로 보아야 한다. 마음으로 본 사물의 이데아와 에이도스는 사물의 본모습이며 그 사물이 무엇인지 말해주는 알짜 정보다.

아리스토텔레스는 꼴을 엠페도클레스의 이론에 가깝게 이해했다. 그는 감각 대상이 되는 사물이 밑감^{질료}과 꼴로 이뤄져 있다면서 꼴과 밑감을 뭉쳐 놓았다. 밑감은 꼴을 띠지 않은 물질 재료인데 밑감에 꼴이 스며들면 그것은 비로소 제 홀로 있을 수 있는 사물이 된다. 아리스토텔레스는《영혼》에서 주체가 느끼는 것은 사물의 밑감이 아니라 사물의 꼴이라고 주장했다. 그에 따르면 느낀다는 것은 밑감 없이 꼴을 자기 안으로 받아들이는 것이다. 이처럼 플라톤과 아리스토텔레스에게 앎의 대상은 사물의 꼴이었다. 이들을 따르는 학자들은 사물에 관한 앎을 얻으려고 사물의 꼴을 알아보려 했다.

플라톤과 아리스토텔레스의 "이데아" "에이도스" "형상" "꼴" 개념은 아랍철학과 중세철학의 핵심 개념으로 살아남았다. 16세기의 베이컨이 엄청나게 많이 관찰하고 자료를 모아야 한다고 주장한 까닭은 그렇게 해야 사물의 꼴을 제대로 알아낼 수 있다고 믿었기 때문이다. 영국의 초기 근대 철학자들은 앎의 직접 대상 또는 앎의 직접 표현을 "아이디어"라 했다. 근대 인식론은 플라톤과 아리스토텔레스의 '이데아' 대신에 주로 '아이디어'를 탐구했다. "아이디어"는 오늘날 말로 바꾸면 "감각질" "감각 자료" "마음 그림"이다. 칸트는 이를 "마음 앞에 있는 것"이라 길게 표현했다. 동아시아에서는 이를 "관념"으로 옮긴다.

관념이론에서 '관념'은 정의상 우리가 감각이나 지성으로 처음 받아들여 느낄 수 있는 무엇이다. 영국의 존 로크는 바깥 사물에 있는 성질과 우리 마음에 있는 관념을 또렷이 구별해야 했다. 그에 따르면 바깥 사물에서 알갱이들이 흘러나오고 그것들이 우리 몸에 부딪혀 마음에 관념을 찍는다. 바깥 물체들은 지각할 수 없는 아주 작은 알갱이들로 이뤄져 있다. 물체로부터 알갱이들이 튀어나와 우리 눈에 이르고 눈에 생긴 변화가 골까지 전해져 우리 안에 관념이 만들어진다. 로크는 "내 마음의 관념"과 "바깥 사물의 성질"을 구별하는 것이 "관념을 이해되도록 말하는" 훌륭한 길이라고 믿었다. 그에 따르면 앎의 직접 대상은 사물 안에 있는 성질이 아니라 그 성질이 만들어낸 관념이다.

로크는 감각 자료로 주어진 처음의 단순한 관념들이 어떻게 우리에게 앎을 주는 복잡한 관념을 낳는지 알고 싶었다. 1689년에 나온 《사람의 지성》에서 그는 많은 지면을 써서 이를 설명했다. 이 책은 근대 인식론의 표준 교과서가 되었다. 근대 철학자들은 관념과 물체의 관계를 곰곰이 생각하며 각기 다른 생각을 내놓았다. 로크에게 물체와 관념은 다른 것이지만 라이프니츠와 버클리는 이를 같게 여겼다. 그들은 관념을 떠난 물체가 따로 있다는 생각을 "물질주의"나 "원자주의"라 부르면서 그들만의 '관념주의'를 세워나갔다. '정보' 개념을 써서 말하자면 관념주의는 물질조차 정보로 이뤄져 있다는 견해다. 라이프니츠와 버클리에게 물체는 곧 관념들의 뭉치였다.

라이프니츠는 이성주의자고 버클리는 경험주의자지만 둘의 목표는 같았다. 그것은 앎 곧 과학의 가능성을 부정하는 회의주의를 막아내는 것이었다. 그들에 따르면 물질이든 물체든 그것들은 마음이 완전히 알 수 있는 무엇이다. 이 생각은 근대 철학자들이 가진 '관념' 개념을 잘 드러낸다. 로크, 라이프니츠, 버클리 등 근대 철학자들에게 관념은 곧 '느낄 수 있는 것'이며 '알 수 있는 것'이다. 회의주의를 막아내려는 라이프니츠와 버클리의 관념이론은 데이비드 흄에게서 위기를 맞는다. 흄은 로크가 그랬던 것처럼 바깥 자연과 마음의 관념을 다시 갈라놓았다. 이로써 흄은 로크가 인정했던 인식의 불확실성을 전면화하고 극대화했다. 칸트는 마음이 알 수 있는 영역을 관념들의 체계로 제한함으로써 마음은 사물 그 자체를 알 수 없다는 회의주의를 당연시했다. 칸트에게 '관념들의 체계'는 곧 '현상의 세계'다. 그는 과학의 대상이 사물 자체가 아니라 현상들의 짜임이라며 과학이 그 너머를 건너서는 안 된다고 경고했다.

　칸트 이후 과학자들은 그의 지침에 따라 과학의 대상을 현상의 세계로 제한했다. 19세기에는 형상이나 관념에 매달리는 이들이 크게 줄었다. 그 대신 문장, 진술, 명제, 가설, 법칙과 같은 것에 매달리는 학자들이 늘었다. 한편 영국에서는 제러미 벤담 등을 중심으로 관념 연구가 차츰 언어 연구로 바뀌었다. 로크 이후 관념이론가들은 마음 안에서 관념들이 어떻게 짜일 때 판단 또는 믿음이 되는지 탐구했다. 이 과정에서 그들은 관념 연구를 낱말 연구로 바꾸었고 낱말 연구를 문장 연구로 바꾸었다. 이로부터 현대 언어철학 및 과학철학이 나왔다. 관념 탐구가 한풀 꺾이고 관념 연구에서 문장 연구로 건너가게 된 계기가 있었다. 그것은 "이면"이나 "모든" 같은 낱말에 어울리는 관념을 찾기 어렵다는 것을 깨달은 다음부터였다. 앞의 내용을 문장으로 나타내려면 토씨들이 반드시 있어야 한다. 하지만 관념이론으로는 토씨에 해당하는 관념들이 어디에서 비롯된 것인지 설명할 수 없었다. 더구나 경험주의에 바탕을 둔 관념이론은 이를 설명할 길을 경험에서는 도무지 찾을 수 없었다.

철학자들은 형상이나 관념에 "참이다" "진실이다" "사실이다" "진리다"를 붙이는 것이 잘못되었음을 차츰 깨달았다. 체코의 베르나르트 볼차노와 독일의 고틀로프 프레게는 "참이다"를 붙이기에 가장 어울리는 것을 찾으려 애썼다. "피타고라스의 정리"에서 "정리"를 볼차노 당시에는 독일말로 "자츠"라 했다. 이것은 "문장"으로 옮길 수 있는 낱말이다. 볼차노는 피타고라스의 정리가 어느 나라 말로 쓰였든 관계없이 참이라고 주장했다. 이것은 프랑스말 문장으로 쓰인 피타고라스의 정리든 독일말 문장으로 쓰인 정리든 똑같은 내용을 담고 있음을 뜻했다. 그는 나아가 사람들이 이 정리를 쓰거나 말하거나 생각하기 전에도 그 정리가 참이라고 주장했다. 이것은 마치 사람들이 어느 날 우라늄을 찾아낸 것에 견줄 수 있다. 사람들이 우라늄을 생각하거나 말하기 전에도 우라늄은 이미 어딘가에 있었다.

볼차노에게 피타고라스 정리는 누군가가 찾아주기를 기다리는 생각 덩어리다. 그는 누군가가 찾아주기를 기다리는 그 생각 덩어리를 가리킬 낱말을 만들어야 했다. 그가 만든 말은 "문장 자체"다. 그는 이 생각을 1837년《과학학》에서 드러냈다. 이 책의 목표는 모든 과학을 논리의 바탕 위에 세우는 일이었다. 그에 따르면 문장 자체들로 이뤄진 무한히 큰 세계가 있고 과학자는 그 가운데 일부만 찾아낸다. 아직 우리가 찾아내지 못한 문장 자체들이 아주 많다. 나중에 프레게는 볼차노의 "문장 자체"에 해당하는 것을 독일말로 "생각"이라 했다. 러셀은 문장에 담긴 내용을 "프로포지션"proposition이라 했고 우리는 이 낱말을 "명제"로 옮긴다. 오늘날 '명제'는 '문장의 뜻'으로 정의된다.

    현대의 이론가들은 과학이 명제들의 꾸러미라는 데 크게 반대하지 않는다. 칼 포퍼는 1972년 강연 「과학 이론의 논리와 진화」에서 과학 이론의 진화에서 매우 중요한 발걸음 하나를 이야기했다. 그것은 생각하기에서 말하기로 나아간 것이며 말하기에서 쓰기로 나아간 것이다. 머릿속에서 생각한 것과 달리 글로 쓴 것은 여러 사람이 함께 논의 대상으로 삼을 수 있고 비판의 대상이 될 수 있다. 글로 쓴 것에서 비로소 객관 명제가 드러난다. 포퍼에게 과학은 주관의 기대나 확신이 아니라 객관 명제였다. 검증과 반증의 대상은 형상이나 관념이 아니다. 입증과 반입증의 대상도 형상이나 관념이 아니다. 검증과 반증의 대상은 명제며 입증과 반입증의 대상도 명제다. 과학은 명제들로 짜여 있다.

0103. '참' 개념은 '명제' 개념을 앞선다

파르메니데스는 앎에 이르는 길이 생각의 길이라고 굳게 믿었다. 그는 오직 '있음'만 생각할 수 있다고 주장했다. '없음'은 생각조차 할 수 없다. 이로부터 그는 세계가 오직 하나며 빈틈이 없고 움직이지도 않고 바뀌지 않는다는 결론을 얻었다. 만일 세계가 있고 나도 있으면 나와 세계는 한 덩어리란 말인가? 만일 내가 세계와 한 덩어리고 빈틈이 없다면 나는 곧 세계다. 세계로서 나는 이 생각 저 생각을 하는데 정말 이 세계는 바뀌지 않고 멈춰 있다는 말인가? "오직 있음만 생각할 수 있다"는 파르메니데스의 교리는 온갖 수수께끼를 낳았다. 나아가 그의 교리는 소피스트에게 튼튼한 뒷배가 되었다. 그들은 자신들의 모든 생각, 믿음, 말이 곧 앎이라고 주장했다.

    소피스트들은 다음과 같이 말했다. "나는 X를 생각한다. X를 생각하는 내 생각은 있다. 따라서 X는 없지 않고 있다." 여기서 "X는 없지 않고 있다"는 당시 그리스 말 문법에서 "X는 거짓이 아니고 X는 참이다"처럼 들렸다. 그들의 문법에서 "있다"와 "이다"는 잘 구별되지 않았다. 플라톤은 소피스트의 저 논증을 무너뜨려야 했다. 그는 《소피스테스》에서 "있다"와 "이다"를 구별함으로써 파르메니데스의 수수께끼를 풀었다. "생각 X는 있다"

는 "생각 X는 참이다"를 뜻하지 않으며 "생각 X는 없다"는 "생각 X는 거짓이다"를 뜻하지 않는다. 이 때문에 "생각 X는 없지 않다"는 "생각 X는 거짓이 아니다"를 뜻하지 않는다.

파르메니데스는 생각의 길이 곧 있음의 길이고 있음의 길이 곧 생각의 길이라고 믿었다. 하지만 "있다"를 붙일 수 있는 것과 "참이다"를 붙일 수 있는 것은 다르다. 간단히 말해 있는 것들과 생각된 것들은 다르다. '생각된 것'들을 부르려고 플라톤이 《소피스테스》에서 쓴 낱말은 "로고스"다. 이 "로고스"를 우리가 배운 낱말로 옮기면 "명제"가 가장 잘 어울린다. 명제에 대해서는 "있다" "없다"를 붙이지 말고 그 대신 "참이다" "거짓이다"를 붙여야 한다.

없는 것은 아무 사물도 아니다. 하지만 우리는 없는 것에 관해 참말을 말할 수 있다. 예컨대 "없는 것은 없다"는 참이고 "'제곱하여 2가 되는 유리수'는 없다"도 참이다. 우리는 표현 "ㄱ은 없다"에서 표현 "ㄱ"은 사물을 가리키지 않으며 "는 없다"가 속성을 나타내지 않는다는 점을 깨달아야 한다. "ㄱ은 없다"는 다만 "'ㄱ은 있다'는 거짓이다"를 뜻할 뿐이다. 우리는 "'ㄱ은 있다'는 거짓이다"가 참임을 밝혀 보임으로써 "'ㄱ은 있다'는 거짓이다"를 이해할 수 있다. 한편 "제곱하여 2가 되는 유리수", "황금산", "둥근 네모"처럼 없는 것들을 나타내는 표현은 대부분 홑이름이 아니다. '제곱하여 2가 되는 유리수'는 특별한 조건을 만족하는 수들의 모임을 나타낼 뿐이다.

　　사물과 명제를 분간한 뒤에도 철학자들은 여전히 명제를 두고 "있다"나 "없다"를 썼다. 그들은 우리 마음이 명제를 본다거나 만난다고 생각하기도 했다. 이 버릇은 현대 언어철학을 열었던 프레게에게도 나타났다. 그는 볼차노가 그랬듯이 명제들이 특별한 세계에 "있다"고 말했다. 러셀, 비트겐슈타인, 포퍼 같은 철학자들도 이와 비슷하게 말했다. 러셀은 참인 명제뿐만 아니라 거짓 명제도 있어야 한다고 주장했다. 하지만 '피타고라스 정리 같은 명제가 있다'고 생각하는 것은 우리를 끝 모를 낭떠러지로 떨어뜨릴 것이다. 피타고라스 정리 따위의 명제는 세계 안에도 세계 바깥에도 있지 않다. 다만 그 명제는 참일 뿐이다. "달은 지구보다 크다"는 명제는 이 세계에도 저 세계에도 없다. 다만 그 명제는 거짓일 뿐이다.

　　만일 내가 "달은 지구보다 작다"라고 목소리 내어 말했다면 이 발화는 이 세계에 있다. 만일 내가 "달은 지구보다 작다"를 종이에 썼다면 이 기재는 이 세계에 있다. "달은 지구보다 작다"라는 그 발화와 이 기재는 둘 다 똑같은 문장 "달은 지구보다 작다"를 사용했다. 엄격히 말해 문장은 이 세계 안에 없는데 단지 문장의 개별 발화나 개별 기재가 이 세계 안에 있을 뿐이다. 생각, 믿음, 판단도 마찬가지다. 누군가의 개별 믿음 "달은 지구보다 작다"는 개별 사건이고 이것은 이 세계 안에 있다. 하지만 생각, 믿음, 판단의 내용은 이 세계 안에 있지 않다. 그 내용은 명제며 명제는 "있다"거나 "없다"고 할 수 있는 사물이 아니다. 명제는 다만 참이거나 거짓일 뿐이다.

"나는 X를 믿는다"는 당연히 "X는 참이다"를 뜻하지 않는다. 누군가 "나는 하느님이 있다고 믿는다. 따라서 하느님이 있다"라고 논증한다면 우리는 이 논증이 마땅하지 않다고 곧장 반박할 것이다. 논증 "갈릴레오는 등속원운동이 관성 운동이라고 믿었다. 따라서 등속원운동은 관성 운동이다"도 마찬가지로 못마땅하다. "갈릴레오는 등속원운동이 관성 운동이라고 믿었다"는 참이지만 "등속원운동은 관성 운동이다"는 우리 세계에서는 거짓이다. "나는 X를 참이라고 여긴다"가 "X는 참이다"를 뜻하지 않는다는 점은 참 개념의 고갱이^{핵심}를 이룬다. 생각하고 믿고 말하는 이는 이와 같은 참 개념을 갖는다. 또한 "모든 사람이 X를 믿는다"는 "X는 참이다"를 뜻하지 않는다. 이것 또한 참 개념의 고갱이를 이룬다.

우리는 믿음을 갖는다. 믿는 이는 믿은 것과 참인 것이 다르다는 점을 안다. 만일 우리가 믿음과 참말이 다르다는 점을 안다면 우리는 참 개념뿐만 아니라 거짓 개념도 갖는다. 생각하고 믿고 말하는 이는 참 개념과 거짓 개념을 함께 갖는다. 하지만 우리는 명제 개념을 먼저 갖고 그다음 참 개념과 거짓 개념을 갖는 것이 아니다. 오히려 참 개념과 거짓 개념을 가진 다음에 명제 개념을 갖는다. 우리는 실제 세계 안에서 목소리 내고 글을 쓰는 과정에서 다른 이로부터 참 개념과 거짓 개념을 배운다. 이 개념들을 갖게 되면 우리 목소리와 우리 글 자국이 뜻을 갖는다는 점을 깨닫게 된다. 여기서 "뜻"은 '참과 거짓의 평가를 받는 내용'으로 정의된다. 믿음, 발화, 기재가 참 또는 거짓일 수 있는 까닭은 그것들이 '참과 거짓의 평가를 받는 내용'을 지녔기 때문이다. 앞에서 말했듯이 명제는 '문장의 뜻'이기에 명제는 곧 참과 거짓의 평가를 받는 내용이다. 참 개념과 거짓 개념을 모른 채 명제 개념을 알 방법은 없다.

    철학자들은 명제가 무엇인지 오랫동안 탐구했다. 많은 철학자들이 잘못된 가정에 바탕을 두고 명제를 탐구했다. 그들은 명제가 있다고 먼저 가정한 다음 그 명제가 참인지 거짓인지 아니면 이것도 저것도 아닌지 따지려 했다. 그렇게 가정하는 일은 명제에 "있다"와 "없다"를 붙일 수 있다고 여기는 일만큼 잘못된 일이다. 명제는 그냥 단순히 참인 무엇 또는 거짓인 무엇이다. 우리 앞에 놓인 고구마는 참이 아니다. 그렇다고 고구마가 거짓인 것도 아니다. "참이 아니다"나 "아니다"는 "거짓이다"와 뜻이 같지 않다. 다만 명제 X가 참이 아니라면 명제 X는 거짓이다. 왜냐하면 명제 X는 참이거나 거짓이기 때문이다. "주어진 아무 명제는 참이거나 거짓이다"는 '명제' 개념을 이루는 바탕 공리다. 이 공리는 명제의 정의로부터 곧장 나온다. 다시 말해 만일 표현 X가 명제를 표현한다면 X는 참이거나 거짓이다.

하지만 "모든 표현 X는 참이거나 거짓이다"는 참말이 아니다. "표현 X는 참이거나 거짓이다"가 성립하지 않는 표현 X가 많다. 문장이 아닌 표현들은 대부분 그러하다. 문장이라 하더라도 그 문장이 명제를 표현하지 않는다면 그 표현은 참도 거짓도 아니다. 문장의 개별 기재나 발화를 문장과 같게 여겨서는 안 된다. 나아가 문장과 문장의 뜻을 같게 여겨서도 안 된다. 내 생각에 거짓말쟁이 역설은 이 점을 잊었기에 빚어진 역설이다. "지금 이 문장은 거짓이다"는 문장이지만 이 문장은 명제를 표현하지 않는다. 왜냐하면 "지금 이 문장은 거짓이다"에 "참이다"나 "거짓이다"를 붙일 수 없기 때문이다. 만일 한 표현에 "참이다"나 "거짓이다"를 붙일 수 없다면 그 표현은 명제일 수 없다.

"참이다"와 "거짓이다"는 명제 개념을 떠오르게 하는 개념 틀이다. 만일 한 표현 X에 대해 "표현 X는 참이다"라고 말할 수 있다면 그 표현은 명제를 표현한다. 만일 한 표현 X에 대해 "표현 X는 거짓이다"라고 말할 수 있다면 그 표현은 명제를 표현한다. 만일 한 표현 X가 명제를 표현한다면 "표현 X는 참이거나 거짓이다"라고 말할 수 있다. 프레게는 명제가 문장의 뜻이며 문장의 뜻은 문장의 참값과 다르다는 것을 매우 잘 보여주었다. 타르스키는 서로 얽혀 있는 문장들의 뜻으로부터 "참이다"를 정의할 수 있음을 보여주었다. 데이빗슨은 이를 거꾸로 뒤집어 참말로 여긴 문장들이 서로 관계 맺은 짜임으로부터 문장들의 뜻을 드러낼 수 있다고 주장했다. 나아가 그는 그러한 짜임이 행위들의 짜임 곧 믿음들과 바람들의 전체 짜임으로부터 떠오른다고 주장했다.

    사람들은 돈을 벌려고 과학에 몸담을 수 있다. 단순히 재미있어서 과학에 시간을 바칠 수도 있다. 하지만 돈을 벌게 하는 다른 것들이 많고 재미있는 다른 것들도 많다. 과학한다고 해서 돈을 더 잘 버는 것도 아니고 삶이 더 재미있는 것도 아니다. 과학함의 본모습은 돈이나 재미가 아니라 참말을 찾는 일이다. 거기에 참말이 있다면 또한 참말을 찾을 길이 있다면 그것이 무엇이든 우리는 그것을 과학이라 부를 수 있다. 명제로 표현될 수 있는 것만이 참일 수 있고 과학은 언제나 명제로 표현되어야 한다. 이것은 과학이 기술, 예술, 수행과 다른 점이다. 물론 과학 활동 안에는 당연히 말로 표현할 수 없는 온갖 활동이 있다. 하지만 과학 활동은 참말을 찾는 활동이며 과학은 참이라고 믿는 명제들로 이뤄진 체계라는 점은 분명하다. 과학이 참과 무관하다고 생각하는 이들이 과학에 이바지한 적은 없다. "참이다"를 쓸 수 있는 사람들이 참말들을 애써 찾으려 할 때만 과학이 생겨날 수 있었다. 과학 방법이 무엇이든 그것은 우리를 참말로 이끌어야 한다.

0104. 하느님, 마음, 헤아림

고대부터 현대까지 철학자들은 "진리가 있다"는 말을 자주 썼다. 나아가 "영원한 진리가 있다", "절대 진리가 있다", "궁극 진리가 있다" 따위 말을 썼다. 하지만 낱말 "있다"는 조심해서 써야 한다. "있다"는 조금 어려운 낱말로 "존재한다", "존속한다", "실재한다", "실존한다" 따위로 달리 쓴다. 철학자들은 낱말 "이그지스트"^{exist}에 특별한 주의를 기울였다. "이그지스트"에서 "이그즈"라고 읽히는 부분은 본디 "바깥"을 뜻한다. 이 때문에 "이그지스트"는 "바깥에 있다"를 뜻한다. 여기서 "바깥"은 "마음 바깥"을 뜻했다. 누구의 마음인가? 하느님 마음이나 사람 마음이다. 생각만으로 있는 것이 아니라 마음 바깥에 실제로 있는 것을 두고 말할 때 "이그지스트"라 한다. 이 때문에 "이그지스트"를 한자 "실"을 써서 "실존한다"로 옮긴다. 진리는 실존하는가? 과학의 진실은 실존하는가?

    한 물리학자는 자연의 법칙이 마치 바위처럼 거기에 실존한다고 말하기도 했다. 오늘날 "바깥에 있다"라고 하면 "물리 시공간 안에 있다"를 뜻한다. 볼차노, 프레게, 러셀, 포퍼는 참인 명제들이 물리 시공간 안에 있다고는 생각하지 않았다. 하지만 그들에 따르면 그것들은 어딘가에 있다. 우리가 "마음" "지성" "이성"이라 말하는 것은 진실들이 놓인 자리를 말한다. 만일 사람 마음에 진실이 놓여 있다면 오직 몇몇 진실들만이 놓여 있을 것이다. 하지만 만일 모든 진실이 놓인 자리가 있다면 그것은 하느님의 마음일 것이다. 이를 가장 철저하게 따져 묻고 성찰했던 이는 데카르트다. 그는 알길을 찾는 과정에서 "모든 참말은 하느님의 마음에서 나온다"는 것을 과학의 바탕으로 삼아야 한다는 결론에 이르렀다. 이것이 그의 《성찰》이 말하고자 했던 바다.

1619년 23세의 데카르트는 독일 울름 가까운 작은 마을에서 모든 과학의 바탕을 찾는 꿈을 꾸었다. 그것을 찾으려면 사람이 무엇을 어떻게 어디까지 알 수 있는지를 알아야 했다. 그는 자기 능력껏 감각기관, 상상력, 기억의 생리 과정을 살펴보았다. 하지만 그는 몸의 신경생리 작용이 우리 판단의 옳음을 판가름하는 기준이 될 수 없음을 알게 되었다. 이 때문에 그는 1628년쯤 《정신지도를 위한 규칙들》을 쓰는 일을 스스로 그만두었다. 그래도 그는 자신의 기획을 멈추지 않았다. 그는 같은 해 가을 아우구스티누스 연구자인 베륄 추기경을 만나 새로운 길에 들어섰다. 이윽고 1637년 《이성을 올바르게 이끌어 과학들에서 참말을 얻는 방법 이야기》를 프랑스말로 썼다. 이를 줄여 《방법서설》이라 한다. 프랑스말로 쓰인 이 책은 프랑스 철학의 시작이 되었다. 그는 이 무렵 물체는 오직 길이 너비 높이를 차지하는 것으로 기술해야 한다는 자연과학 방법에 이르렀다. 이 방법으로 얻은 굴절광학, 기상학, 기하학 연구 결과를 이 책에 길게 덧붙였다. 그는 기하학을 다룬 곳에서 '좌표계'를 선보였고 이는 근대과학을 열었다. 좌표계는 물체를 탐구하는 틀 같은 것이다.

데카르트가 아우구스티누스에게 배운 것은 무엇인가? 만일 하느님이 세계 곳곳에 퍼져 있거나 모든 사물에 스며들어 있다면 그는 나쁜 일이 저질러지는 곳에도 있어야 하지 않는가? 이 물음은 아우구스티누스를 괴롭혔다. 그는 이 물음을 풀려고 하느님은 공간에 퍼져 있지 않다고 생각했다. 하느님을 퍼져 있지 않은 것으로 여기자마자 마음과 생각은 공간을 차지하지 않는다는 결론에 이르렀다. 하느님은 모든 참말을 생각하는 마음이다. 하느님은 공간에 놓인 물체들과 몸들을 세고 거기서 일어나는 일들을 헤아린다. 아우구스티누스에게 하느님은 셈과 헤아림을 낳는 힘이며 모든 참말의 샘이자 잣대로 나타났다. 하느님은 수학과 과학의 원리였다. 그는 순수한 생각이며 모든 참말의 모둠이며 궁극 진리다. 사람 마음은 궁극 진리의 빛 아래서 흐릿하고 어렴풋이 세고 헤아린다. 하느님과 사람 마음은 전체와 부분의 관계가 아니라 표준 도량형과 측정대상의 관계다. 하느님이 참과 거짓의 잣대라면 사람 마음은 그 잣대에 따라 재어지는 생각 덩어리다. 그 생각 덩어리의 일부는 참이고 일부는 거짓이다.

데카르트는 아우구스티누스의 이 성찰로부터 모

든 과학의 바탕이 되는 두 원리를 얻어냈다. 첫째, 사람 마음이 파악하는 참말들은 퍼져 있지 않은 것의 자리에 놓여 있다. 이것은 "나는 생각하는 이로서 있다"나 "마음과 몸이 다른 실체를 이룬다"는 말로 표현된다. 이는 앎의 주체는 좌표계 안에 그릴 수 없다는 말이기도 했다. 둘째, 모든 참말의 샘이 있고 그 샘에서 참말들이 흘러나온다. 이것은 "내가 밝고 뚜렷하게 갖는 생각들은 참이다"나 "착한 하느님이 저기 바깥에 있다"는 말로 표현된다. 생각하는 이가 가진 밝고 뚜렷한 생각은 모든 참말의 샘에서 흘러나온 것이다.

  데카르트는 자기 생각을 다듬어 1641년《제일철학에 관한 성찰》에 두 원리가 뜻하는 바를 더 꼼꼼하게 드러냈다. 이 책을 짧게《성찰》이라 하는데 처음에는 라틴말로 썼다.《성찰》의 초판에 "여기서 하느님이 바깥에 계시다는 것과 사람의 마음이 사그라지지 않는다는 것을 밝혀 보인다"라는 문장이 책 제목에 덧붙여 있다. 프랑스말로 옮겨진 1647년 판에는 "여기서 하느님이 바깥에 계시다는 것과 사람의 마음과 몸이 서로 다르다는 것을 밝혀 보인다"가 덧붙여 있다. "사람의 마음과 몸이 서로 다르다"와 "하느님이 바깥에 계시다"는 과학의 두 원리를 달리 나타낸 문장이다.

  이처럼 데카르트는 참말들이 몸이나 골 또는 머리 안에 있지 않고 마음 안에 있다는 이 원리가 모든 과학의 바탕이라 믿었다. 그에게 "참말은 마음 안에 있다"는 "마음은 참말을 알아챌 수 있다"를 달리 표현한 말이다. 오늘날 많은 사람이 데카르트의 몸 마음 이원주의를 비웃고 업신여긴다. 그의 본디 뜻을 잘 살펴본다면 그가 왜 그것을 모든 과학의 바탕으로 여겼는지 이해할 수 있다. 데카르트는 모든 참말이 흘러나오는 모든 참말의 샘 또는 모든 마음의 샘이 반드시 있어야 한다고 믿었다. 훗날 볼차노는 아우구스티누스와 데카르트의 이 생각 방식을 따랐다.

    마이농, 프레게, 러셀, 포퍼 등 볼차노의 후배들은 과학이 참인 명제로 이뤄져야 한다는 점을 받아들이면서 명제들이 참말로 있다고 생각했다. 하지만 명제는 도대체 무엇으로 이뤄져 있으며 도대체 어디에 있느냐는 물음은 후배들을 내내 괴롭혔다. 이 야릇한 물음에 답하기 워낙 어렵다 보니 볼차노의 연구는 하나의 반대 흐름을 낳았다. 이 흐름은 "심리주의"라 불리는 것인데 이는 "신경생리주의"나 "물리주의"로 불려야 마땅하다. 물리주의를 부드럽게 표현한 이름은 "자연주의"다. 신경생리주의자들은 "생각 안"이나 "마음 안"을 "몸 안" "머리 안" "골 안" "신경에서"로 이해한다. 그들에게 명제는 골 안 신경에서 벌어지는 일을 나타낸다. 그들은 머리 안과 자연에서 벌어지는 것 사이의 관계 덕분에 참말이 만들어진다고 보았다. 제리 포더, 프레드 드레츠키, 처칠랜드 부부, 루스 밀리컨 등은 오늘날 이 흐름의 대표자다.

    볼차노를 따르는 이들은 신경생리주의에 반대하

거나 보완하면서 두 갈래로 갈라졌다. 이는 나중에 현대 철학의 가장 중요한 두 갈래가 되었다. 하나는 프란츠 브렌타노를 거쳐 에드문트 후설로 이어지는 현상학 연구다. 다른 하나는 프레게를 거쳐 러셀과 비트겐슈타인으로 이어지는 분석철학 연구다. 현상학은 "마음 안"의 뜻을 더 깊이 따져 물었고 분석철학은 명제의 "있음"을 더 깊게 따져 물었다. 이 두 전통이 신경생리주의에 만족하지 못했던 까닭은 이 견해가 과학의 가능성 자체를 무너뜨리기 때문이다. 윌러드 콰인은 신경생리주의만을 철저하게 밀고 갔을 때 우리가 회의주의에 빠져들 수밖에 없음을 잘 보여주었다. 고대부터 현대까지 주류 전통 철학은 무엇이 참말인지 알 수 없으며 우리 사람이 참말을 얻을 수 없다는 회의주의를 이겨내려고 애썼다. 초기 현상학과 초기 분석철학도 이 철학 전통에 참여하면서 도대체 과학이 어떻게 가능한지를 엄밀한 철학으로 설명하고자 했다. 하지만 후기 현상학과 후기 분석철학은 그 전통에서 차츰 벗어났다.

  나는 볼차노, 프레게, 타르스키, 데이빗슨의 연구 노선을 따른다. "샛별은 개밥바라기다"와 "샛별은 샛별이다"는 둘 다 참말이지만 둘 사이에 다른 점이 있다. 그것은 둘의 뜻이 다르다는 점이다. 이렇게 프레게는 문장이 뜻을 가져야 하며 명제가 곧 문장의 뜻임을 또렷이 드러냈다. 만일 문장이 참값만 갖고 뜻을 갖지 않는다면 참말들은 모두 똑같아질 것이다. 타르스키의 연구로부터 데이빗슨은 "참이다"라는 개념과 문장들 사이의 논리 관계를 써서 문장들의 뜻을 나타내는 방법을 찾아냈다. 이 방법은 문장의 뜻 곧 명제가 어디에 있느냐는 물음을 조금 더 쉽게 풀 길을 마련했다. 데이빗슨은 "참이다"가 모든 말과 생각의 뿌리이자 바탕이라는 볼차노 프레게 타르스키의 전통을 따랐다. 나아가 그는 볼차노와 프레게 및 러셀의 오류를 잘 간파했다. 그것은 참인 명제들이 어딘가에 있다는 착각이다. 그는 이 착각이 헤어나올 수 없는 미로로 우리를 이끈다고 경고했다. 데이빗슨은 인식론, 언어철학, 심리철학 전반을 아우르는 새로운 해법을 내놓았다. 그 해법은 참말들이 내 마음이 다른 이와 세계 사이에 관계 맺는 방식에서 비롯된다는 것이다. 그 관계는 물리 상호작용을 뜻하지 않는다. 그는 그것을 "사랑"이라는 말로 표현하면서 이것이 마음 현상을 만들어낸다고 보았다.

마음은 무엇이며 마음은 참말로 있는가? 내 생각에 마음 역시 "있다"거나 "없다"고 말할 수 있는 것이 아니다. 마음이 어디에 있는가 하는 물음은 명제가 어디에 있는가 하는 물음만큼 우리를 헤어나올 수 없는 웅덩이에 빠뜨린다. 아우구스티누스와 데카르트에게 하느님 마음이든 사람 마음이든 마음은 참말과 거짓말을 가려 앎을 얻는 힘이다. 만일 누군가 참말을 알게 된다면 그는 마음을 갖는 셈이다. "나는 명제 X를 안다"를 "내 마음은 명제 X를 품는다"라고 달리 말할 뿐이다. 앎을 얻으려 애타게 살피는 마음을 다른 말로 "이성" 또는 "지성"이라 한다. 내가 마음을 갖는다는 말은 내가 이성을 갖는다는 말이다. 내가 이성을 갖는다는 말은 내가 헤아리고 추론하고 알 수 있다는 말일 뿐이다. 마음이란 곧 헤아리는 힘 또는 헤아리는 일이다.

0105. 과학의 바탕 명제는 무엇인가?

철학자들은 과학의 바탕이 될 만한 명제를 찾으려 애썼다. 이들 철학자의 대표로 18세기의 임마누엘 칸트와 20세기의 논리실증주의자들을 잠깐 살펴보겠다. 과학의 명제는 크게 둘로 나뉜다. 하나는 개념과 개념의 관계를 드러내는 분석명제다. 여기서 "분석"은 그리스말 "아날루시스"에 뿌리를 둔 서양말을 한자로 옮긴 것이다. "아날루시스"는 '느슨하게 하여 풀어헤침'을 뜻한다. 우리는 사물의 진실을 알려고 얽힌 것을 푼다. 라틴말에서 이 낱말은 복잡한 것을 쪼개거나 나누어 단순하게 하는 일을 뜻했다. 복잡한 개념을 단순한 개념들로 쪼개고 거기서 개념과 개념의 관계를 드러낼 때 분석명제가 생겨난다. 쉽게 말해 개념 '젖먹이짐승'에서 개념 '젖을 먹임'을 쪼개어 "젖먹이짐승은 젖을 먹인다"라는 분석명제를 얻는다. 우리는 몸으로 느끼거나 몸소 겪어보지 않아도 이 명제가 참이라는 것을 알 수 있다. 이처럼 밝고 환한 분석명제는 너무 투명한 나머지 새로운 정보가 될 만한 내용을 전혀 갖지 않는다.

다른 하나는 개념과 실제 사물의 관계 또는 사물과 사물의 관계를 드러내는 종합명제다. "종합"은 그리스말 "순테시스"에 뿌리를 둔 서양말을 한자로 옮긴 것이다. "순테시스"는 '함께 놓음' '같이 모아 이음'을 뜻한다. 한 개념에 다른 개념을 더해 새로운 복합 개념을 만들 때 종합명제가 생겨난다. 종합명제는 새로운 정보가 될 만한 내용을 담고 있다. 이런 명제는 몸으로 겪고 난 뒤에야 그것이 참이라는 것이 알려진다. 한편 칸트는 1781년의 《순수이성비판》에서 겪지 않고도 참임이 드러나는 종합명제가 있다고 주장했다. 이를 "선험 종합명제"라 한다. 여기서 "선험"은 라틴말 "아프리오리"를 옮긴 것이다. 이를 글자 그대로 옮기면 "앞선 것에서"다. 철학에서 이는 '경험 이전에' '경험에 앞서' '겪기도 전에' '겪지도 않고'를 뜻한다. 칸트는 선험 종합명제들이 과학의 밑바탕을 떠받친다고 믿었다. 그에 따르면 "모든 물체는 자리를 차지한다"는 분석명제지만 "모든 물체는 무게를 갖는다"는 선험 종합명제다. 그는 수학의 명제들이 선험 종합명제라고 생각했다. 그에 따르면 기하학의 명제뿐만 아니라 "2 + 3 = 5" 같은 산수의 명제까지도 선험 종합명제다.

만일 과학이 앎의 짜임이고 앎은 우리 지성이 가진 참인 명제라면, 바깥 세계에 관한 앎은 우리 지성이 가진 참인 종합명제여야 한다. 왜냐하면 분석명제는 바깥 세계에 관한 정보를 주지 않기 때문이다. 따라서 과학은 종합명제들의 짜임이어야 할 것 같다. 종합명제는 어떻게 우리에게 참인 것으로 드러날 수 있는가? 이 물음은 철학자들을 내내 괴롭혔다. 종합명제는 보통 우리 감각으로 느끼고 몸으로 겪은 다음에야 참인지 거짓인지 드러난다. 하지만 신기루나 환각처럼 우리 느낌과 겪음은 때때로 우리를 속인다. 느낌과 겪음은 종합명제의 참됨을 튼튼히 뒷받침하지 못하기에 우리는 과학을 떠받쳐줄 다른 밑바탕을 찾아야 한다. 그 밑바탕은 겪지도 않은 채 참인 종합명제 곧 선험 종합명제다. 이런 명제는 세계에 관한 정보를 줄 뿐만 아니라 우리 감각 경험 없이도 참임이 드러난다. 칸트가 선험 종합명제들이 과학의 밑바탕이라고 생각한 까닭은 바로 여기에 있다. 선험 종합명제들의 전체 목록을 찾는 일은 튼튼한 과학을 세우는 데 꼭 해야 하는 일이었다. 칸트는 뉴턴의 물리학을 선험 종합명제 위에 튼튼히 세우려 했다.

19세기 철학자들은 특히 수학의 명제들을 파고들어 그 명제가 과연 선험 종합명제인지 물었다. 프레게는 기하학의 명제들이 선험 종합명제인 것 같지만 산수의 명제들은 분석명제라고 주장했다. 그는 이를 1884년《산수의 기초》와 1893년《산수의 근본 법칙》에 담았다. 산수의 명제가 분석명제임을 보이려면 그 명제를 다른 분석명제들로부터 이끌어내야 한다. 프레게가 출발점으로 삼은 명제는 분석명제임이 뚜렷한 논리 법칙이었다. 산수의 명제들을 논리 법칙 위에 세우려는 작업은 당시 수학자들의 과업이 되었다. 이 작업에 러셀과 화이트헤드가 뛰어들었지만 끝내 실패했다. 선험 종합명제를 버린 채 과학의 바탕을 새로 놓으려는 철학 운동이 오스트리아 빈에서 1920년대에 일어났다. "빈학파"로 불리는 이들의 운동을 "논리실증주의"라 한다. 빈학파는 막스 플랑크의 가르침으로 박사학위를 받은 모리츠 슐리크가 빈 대학에 교수 자리를 얻은 다음 1922년 세미나를 열면서 시작되었다. 이 자리는 그 전에 루트비히 볼츠만과 에른스트 마흐가 맡았던 자리였다. 빈학파는 같은 해 출판된 비트겐슈타인의 《논리철학논고》를 자기들 운동의 핵심 교본으로 삼았다.

    빈학파는 모든 명제를 선험 분석명제와 후험 종합명제로 나눈 뒤 이들 명제가 언제 참일 수 있는지를 따졌다. 이들은 "문장의 뜻은 그 문장을 검증하는 방법이다"는 검증 원리를 받아들였다. 여기서 "검증하다"는 '참임을 밝히다'를 뜻한다. '문장의 뜻'은 '명제'기 때문에 검증 원리는 명제가 무엇인지를 말해주는 원리기도 하다. 검증될 수 없다면 그것은 뜻이 없는 문장이고 그 문장은 명제를 담지 못한다. 과학자가 쓰는 문장에는 이미 많은 것들이 얽혀 있다. 한 문장을 더 잘게 쪼갤 수 없는 데까지 풀어헤친다면 그 문장을 검증하는 방법이 드러날 것이다. 더 잘게 쪼갤 수 없고 검증 방법이 또렷한 문장은 과학 전체를 이루는 '원자명제'가 될 것이다. 동아시아에서 "원자"로 옮기는 "아톰"은 본디 '더 잘게 쪼갤 수 없는 것'을 뜻한다.

    모든 명제가 원자명제로 이뤄져 있다는 견해를 "논리원자주의"라 한다. 러셀은 이 견해를 1911년에 내세웠으며 비트겐슈타인도 이 견해를 받아들였다. 이 견해에 따르면 세계 자체가 원자명제 또는 원자사실로 이뤄져 있다. 논리실증주의자에게 원자명제는 '관찰명제'일 것이다. 슐리크에 따르면 주체의 감각 경험에 맞닿은 문장을 그 감각 경험 앞에 세우는 일이 곧 그 문장의 검증 방법이다. 감각 경험의 이 법정 앞에서 진실이 드러날 때 그 문장은 비로소 뚜렷한 뜻을 갖는다. 그 문장의 뜻이 바로 관찰명제다. 관찰명제는 참인 종합명제며 이 관찰명제들로 이뤄진 명제들도 참인 종합명제다. 논리실증주의에 따르면 모든 과학은 관찰명제들 위에 세워지고 그것들로 짜여야 한다. 칸트 인식론에서 선험 종합명제가 맡은 역할을 논리실증주의에서는 관찰명제가 맡는 셈이다.

  논리원자주의와 논리실증주의는 '분석철학'이라 불리는 더 넓은 철학 운동을 일으켰다. 분석의 방법은 이미 플라톤 철학부터 칸트 철학까지 앞에 이르는 주요 방법이었다. 복잡한 문장을 풀어헤쳐 더 단순한 것들로 잘게 쪼개면, 그 문장 안에 얽혀 있는 논리 구조가 드러난다. 러셀, 무어, 비트겐슈타인은 문장이 참이 되는 조건을 드러내려고 문장의 겉모습 뒤에 숨은 논리 구조를 찾으려 했다. 문장의 논리 구조를 잘 드러내는 문장 꼴을 "문장의 논리 형식"이라 한다. 이것은 문장의 문법 형식과 다르다. "다산은 정약용이다", "다산은 사람이다", "사람은 짐승이다"는 문법 형식이 서로 비슷하다. 하지만 이들의 논리 형식은 셋 다 매우 다르다. 루돌프 카르납은 문장의 논리 구조를 드러내는 규칙을 "논리 문장론"이라 했다. 언어학자는 문장의 문법 구조를 드러내는 '문법 문장론'을 탐구하지만 철학자는 논리 문장론을 탐구한다. 카르납은 논리 문장론을 잘 마련하는 일이 기존 철학을 깔끔하게 다듬어 그 바탕 위에 과학을 제대로 세우는 길이라고 생각했다. 논리실증주의가 과거의 실증주의와 다른 점은 과학 문장들을 논리 문장론에 따라 제대로 엮어야 함을 강조했다는 점이다.

    카르납은 논리 문장론을 제대로 세우는 일을 빈학파에서 시작된 철학 운동의 가장 중요한 과제로 여겼다. 그는 명제처럼 보이지만 명제가 전혀 아닌 것 곧 가짜 명제가 있다고 주장했다. 가짜 명제는 문법 차원에서는 멀쩡한 문장인데 따져보면 아무 뜻도 담길 수 없는 문장을 말한다. 물론 분석명제는 아무 내용이 담겨 있지 않아 새로운 정보를 주지 않을 뿐 엄연히 진짜 명제다. 그는 "없음이 없어진다" 같은 기존 형이상학의 문장을 분석함으로써 그 문장이 가짜 명제라는 것을 드러내려 했다. 그는 이 과제를 "형이상학의 제거"라 했고 이 일을 하는 철학을 "과학철학"이라 했다. 우리가 보통 "과학철학"이라 하면 이것은 '과학에 관한 철학'을 뜻하지만 카르납의 과학철학은 '과학다운 철학'을 말한다. 그의 과학다운 철학에 따르면 "원리" "본질" "하느님" 같은 낱말은 뜻을 지닐 수 없기에 이에 관한 명제는 대부분 가짜 명제다. 이를 이야기하는 문장 꾸러미는 결코 과학일 수 없다.

0106. 과학은 믿음들의 짜임이다

논리실증주의 운동은 개별 관찰문장이 경험의 법정에서 참과 거짓이 가려진다면 그것을 명제로 인정할 수 있다고 보았다. 그들에게 '검증'이란 개별 문장이 경험의 법정에 서는 것이다. 하지만 과학의 문장을 경험의 법정에 세우는 일은 생각보다 쉽지 않다. 보기를 들어 "질량을 가진 모든 물질은 서로 끌어당긴다"는 개별 관찰문장들로 쪼개기 어렵다. 더구나 이 문장은 경험의 법정에서 검증되지 않는다. 우리는 질량을 가진 물질을 놓고 이것들 모두가 서로 끌어당기는지 하나하나 검증할 수 없다. 만일 이 문장을 검증할 수 없다면 논리실증주의자는 이 문장이 뜻을 지닐 수 없다고 말할 것이다.

 논리실증주의를 반대했던 칼 포퍼는 명제가 되는 조건으로 검증 대신에 반증을 내세웠다. 검증은 가설이 참이라는 점을 드러내는 일이고 반증은 가설이 거짓이라는 점을 드러내는 일이다. 만일 우리가 질량을 가졌지만 서로 끌어당기지 않는 물질을 찾게 된다면 문장 "질량을 가진 모든 물질은 서로 끌어당긴다"는 반증될 것이다. 이 문장은 아직 반증되지 않았지만 반증될 가능성을 갖는다. 포퍼에 따르면 이 문장이 반증되는 조건은 이 문장의 뜻을 채우게 된다. 반증될 가능성이 높으면 높을수록 문장에는 많은 내용이 담기고 그 가능성이 낮으면 낮을수록 그 문장에는 적은 내용이 담긴다. 보기로 "내일 비가 오거나 비가 오지 않는다"는 반증될 가능성이 아예 없으며 이 때문에 이 문장에 담긴 내용은 아무것도 없다.

하지만 포퍼도 이미 잘 알고 있듯이 과학에서 반증도 그다지 쉽지 않다. 과학 이론은 하나의 문장이라기보다 엄청나게 많은 문장들의 꾸러미다. 문장 꾸러미로서 과학 이론은 개인이 아니라 법인단체가 되어 경험의 법정에 선다. 경험, 관찰, 실험에서 설사 반증 사례가 나온다 하더라도 그 꾸러미에서 무슨 문장이 반증되는지 가리기 어렵다. 한 문장과 한 감각 경험이 일대일로 만난다는 생각은 논리실증주의자의 착각에 지나지 않는다. 과학의 문장들은 서로 얽혀 하나의 큰 그물을 이루고 있다. "마지막 논리실증주의자" 콰인은 이 때문에 논리실증주의의 이념이 성공할 수 없음을 깨달았다. 그에 따르면 과학은 믿음들의 그물이다. 이 그물의 가장자리는 경험과 직접 맞닿지만 그물의 한가운데로 오면서 경험과 차츰 덜 만난다.

콰인은 칸트처럼 집합론이나 정수론의 명제조차도 종합명제라고 주장했다. 하지만 그 명제들은 선험 종합명제가 아니라 후험 종합명제일 뿐이다. 그는 논리 법칙만으로 수학이 만들어지지 않는 까닭은 수학의 명제 안에 경험이 아주 조금 섞여 있기 때문이라고 주장했다. 그는 나아가 논리 법칙도 우리 경험이 쌓임에 따라 무너지거나 바뀔 수 있다고 보았다. 그에 따르면 우리가 양자 현상을 자주 겪음에 따라 우리는 "입자는 지금 이곳을 지나갔고 또한 지금 이곳을 지나가지 않았다"를 받아들일 준비가 되어 있다. 수학을 논리 위에 튼튼히 세우려는 프레게와 러셀의 꿈이 이뤄질 수 없다는 점을 철학자와 수학자는 이미 받아들였다. 프레게가 마지막으로 붙들었던 마지노선 곧 논리 법칙조차도 콰인에 따르면 튼튼한 바탕이 아니다. 수학뿐만 아니라 논리학까지도 흔들리는 명제들의 짜임일 뿐이다. 콰인은 과학을 튼튼한 바탕 위에 세우려 했던 전통 철학의 꿈 자체가 헛된 꿈이라고 주장하기에 이른다. 문장의 검증 방법은 또렷하지 않고 이에 따라 문장의 뜻도 또렷하지 않다. 우리는 이제 "과학은 참인 명제들의 짜임이다"라고 자신 있게 말할 수 없다. 오히려 과학은 흔들릴 수 있는 믿음들의 짜임이다. 그에 따르면 현행 자연과학이 우리가 기댈 수 있는 최선의 믿음 체계다. 우리는 그것보다 더 튼튼한 바탕을 마련할 수 없다.

  왜 플라톤은 학문하려는 이들은 때 묻지 않은 있는 그대로의 마음을 가져야 한다고 생각했는가? 왜 데카르트는 모든 참말의 샘과 잣대로서 하느님을 학문에 끌어들여야 했는가? 왜 흄은 학문의 가장 확실한 결론은 회의주의라고 주장했는가? 그것은 그들이 학문 곧 과학은 확실한 참말들로 이뤄져야 한다고 믿었기 때문이다. 칸트가 선험 종합명제가 있다고 힘주어 주장했던 것도 그에게 과학이란 틀릴 수 없는 참말로 이뤄져야 했기 때문이다. 논리실증주의자들이 과학의 모든 명제가 직접 경험에 맞닿은 관찰명제들로 이뤄져야 한다고 믿었던 것도 그들에게 과학의 명제란 응당 참이라는 것이 확실히 드러난 명제여야 했기 때문이다. 하지만 콰인처럼 우리도 이제 과학은 그저 믿음들의 짜임이라는 것을 받아들여야 할 것 같다.

플라톤부터 20세기 논리실증주의까지 과학을 확실한 참말로 짜인 튼튼한 구조물로 세우려는 노력은 결코 성공하지 못했다. 과학의 역사가 오히려 이를 더 잘 말해준다. 과학의 역사는 참말이라고 여겼던 것을 무너뜨리고 새로운 문장을 참말로 여기는 일의 역사였다. 토머스 쿤은 그 역사가 차츰 더 많은 참말을 얻는 과정이 아닐 수 있다고 주장했다. 과학의 역사는 사람들이 펼친 더 큰 역사의 일부며 과학자는 자신의 성과를 두고 지나치게 우쭐대기보다 역사 앞에 겸손해야 한다. 인권과 평등의 확대나 민주주의의 발전은 분명 과학보다 못한 업적이 아니다.

하지만 과학은 동화, 설교, 정치 연설, 소설 같은 이야기들보다 더 나으며 사람들이 마지막까지 믿어야 하는 이야기가 아닌가? 과학을 진실 추구의 마지막 보루로 지키려는 이들은 과학 너머의 다른 피난처를 마련해야 했다. 콰인이 마련한 피난처는 물리주의와 실용주의다. 물리주의와 실용주의는 일종의 이데올로기며 도그마다.

과학에 그 도그마들을 더한다고 과학이 참에 더 가깝게 다가서지 않으며 여전히 믿음들의 짜임으로 남는다. 콰인은 과학이 믿음들의 그물이라는 자신의 시각을 조금도 바꾸지 않았다. 하지만 그는 과학이 뜬구름 잡는 이야기로 그치지 않고 자연환경과 우리 삶에 닻을 내리려면 물리주의와 실용주의를 붙들고 있어야 한다고 믿었다.

오랫동안 철학자와 과학자는 믿음을 얕잡아보고 앎을 늘 추켜세웠다. 하지만 블레즈 파스칼이나 토머스 베이즈 같은 이들은 믿음을 얕잡아보지 않았다. 이들은 믿음들을 더 믿음직한 믿음과 덜 믿음직한 믿음으로 나눌 수 있음을 알아차렸다. 여기에 과학을 다른 이야기들보다 그나마 더 믿음직한 믿음 체계로 보는 길이 있다. 칼 포퍼는 《파르메니데스의 세계》에서 '참말 비슷한 것' 또는 '그럴듯한 이야기'를 찾는 것이 우리가 할 수 있는 일이라고 주장했다. 우리가 '앎'으로 여겼던 것은 참인 믿음이라기보다 매우 믿음직한 믿음이었다. 이 점에서 과학 활동은 우리 믿음이 참임을 밝히는 활동이라기보다 우리 믿음을 더 믿음직하게 하는 활동이다.

우리 믿음을 더 믿음직하게 하는 활동에 가장 잘 어울리는 개념은 '가설'과 '입증'이다. 과학의 주장은 아직 참이라는 것이 확실히 드러나지 않았기 때문에 가설 곧 '앞에 세워 놓은 주장'이나 '임시로 세워본 주장'이다. 한 관찰 정보가 가설을 입증한다는 것은 그 정보가 가설이 참일 가능성을 높인다는 말이다. "가설을 입증한다"

는 "가설을 뒷받침한다", "가설의 믿음직함을 높인다", "가설이 거짓일 가능성을 낮춘다" 따위로 달리 쓸 수 있다. 반면 "가설을 반입증한다"는 "가설이 거짓일 가능성을 높인다", "가설이 참일 가능성을 낮춘다", "가설의 믿음직함을 낮춘다"를 뜻한다. 검증은 100% 입증이고 반증은 100% 반입증이다. 19세기 이후 과학에 쓰이는 추론의 본모습을 탐구했던 철학자들은 가설이 참일 가능성을 높이는 길이 무엇인지를 물었다. 이 과정에서 확률, 입증, 반증 따위 주제들이 새롭게 떠올랐다. 그들은 과학 탐구의 목표를 확실한 앎을 얻는 것에서 가설의 믿음직함을 높이는 일로 바꾸었다.

데이빗슨은 믿음에 대한 베이즈의 생각을 발전시켜 "참이다"와 "명제" 같은 개념을 새롭게 이해할 길을 열었다. 명제들의 체계는 사람을 떠나 저기에 있는 사물이 아니다. 명제는 전혀 바위 같지 않다. 명제는 사람들이 믿고 바라며 서로 이야기 나누는 과정에서 그 모습을 비로소 드러낼 뿐이다. 사람 마음은 결코 모든 참말의 샘일 수 없고 모든 참말의 잣대일 수 없다. 사람 마음은 오히려 참이라고 여기는 일 곧 믿음의 샘이다. 과학은 그나마 가장 믿음직한 믿음들을 모은 것이다. 우리는 이 과학을 발판으로 지금보다 더 믿음직한 믿음을 가지려 할 것이다. 과학 활동은 지금 당장 앎을 가진 상태가 아니라 더 믿음직한 믿음을 가지려는 활동이다. 과학자가 '소피스트레스'가 아니라 '필로소포스'여야 하는 까닭은 여기에 있다. 바른 과학자는 우리가 아무것도 알 수 없다고 절망하지 않는다. 그는 우리가 알 힘을 지녔다고 굳게 믿는다. 그는 아직 완전한 앎에 이르지 못했기 때문에 알고 싶어 앎을 좋아하고 앎에 굶주리고 애탄다.

0107. 나 혼자서는 알 수 없다

다른 사람이 낱말을 써서 사물을 가리키고자 할 때 그가 정확히 무엇을 가리키는지 알 수 있는가? 콰인은 이 물음에 그럴 수 없다고 주장했다. 이것은 과학 용어에서도 마찬가지다. 개별 낱말과 개별 문장의 뜻은 전체 문장들의 마당에 넓게 흩어져 있어 흐릿하고 헷갈린다. 콰인은 회의주의에 빠지지 않도록 물리주의에 기대었다. 흄의 주체는 회의주의라는 철학 사상보다 더 강력한 자연의 힘에 따라 살아간다. 마찬가지로 콰인의 주체도 자연환경의 힘에 따라 이성을 다듬어 왔다. 콰인에 따르면 문장의 뜻은 비슷한 유전자를 가진 개체들이 자연환경에 비슷하게 반응할 때 생겨난다. 그는 이렇게 이해된 '뜻'을 "자극의미"라 했다.

    인식론과 언어철학 및 심리철학을 자연과학의 한 분야로 만드는 과정에서 콰인이 그린 자연의 모습은 조화롭고 질서 잡힌 코스모스에서 멀어졌다. 그에게 자연환경은 아직 개별화가 이루어지지 않은, 막연하고 흐릿한, 무질서한 곳이다. 콰인이 잃은 것은 코스모스만이 아니다. 자연주의 인식론에서 그려진 주체의 모습은 코뮌 안에서 다른 이들과 참말과 사랑을 나누는 이가 아니다. 한 주체는 다른 주체의 사랑 없이도 자연선택 과정으로 조율된 유전자를 가지고 제 홀로 자연환경에 적응한다. 그렇게 조율되고 적응된 유전자는 자연환경 안에서 살아가는 데 그럭저럭 쓸모가 있다. 이 쓸모가 실용주의 관점에서 이해된 앎이다.

 카르납은 1928년《세계의 논리 구성》에서 나 자신의 감각 경험으로부터 자연 세계의 객관 지식을 쌓고 그 위에 다른 이의 마음을 해석하는 인식론을 세우려 했다. 그의 '구성'은 자기 마음의 감각자료 위에 자연과학을 세우고 마지막에 윤리학, 사회학, 정치학 따위를 세우는 것이었다. 그는 2차원 시각 감각질로부터 3차원 공간을 구성하려고 안구의 구면에서 수직으로 뻗어나가는 직선을 그렸다. 하지만 그는 각 선분이 어디까지 뻗어나가 어디에 멈춰야 하는지 판가름할 수 없었다. 콰인은 카르납의 꿈을 이루려고 자연주의를 인식론에 가져왔다. 하지만 그가 그린 주체도 바깥 거리를 잴 수 없는 홀로 떨어진 주체였다. 그 주체는 마치 파블로프의 개처럼 자기가 종소리에 반응하는지 귀청의 떨림이나 골 근처 신경 상태에 반응하는지를 가릴 수 없다. 이미 데이비드 흄은 주체를 실제 해와 해처럼 보이는 것을 가리지 못하는 이로 그렸다. 그는 사람 마음을 해바라기 비슷하게 그렸기 때문에 외부 세계의 회의주의에 이를 수밖에 없었다. 카오스 안에서 진화하는 콰인의 외로운 주체도 이와 같다. 자기마당에 따라 움직이는 나침반, 바람에 따라 흔들리는 풍향계, 팽창률에 따라 굽는 바이메탈, 열을 추적하는 적외선추적미사일은 신호나 자극에 곧장 반응하여 움직일 뿐이지 무엇인가를 알고 움직이는 것은 아니다.

데이빗슨은 흄, 카르납, 콰인처럼 인식론에 다른 이를 처음부터 끼워 주지 않는다면 인식론 자체가 설 수 없다고 주장했다. 그는 1992년 논문 「둘째 사람」에서 다음과 같이 말했다. "만일 제 홀로만 있는 한 짐승을 생각한다면, 그의 반응들은, 제아무리 복잡하다 할지라도, 그가 말하자면 살갗 위가 아니라 일정 거리를 두고 떨어진 사건에 반응하고 있다거나, 그런 사건에 관해 생각하고 있다는 것을 보여주지 못한다." 만일 한 주체가 무엇에 관해 생각하는지 말할 수 없다면 우리는 그 주체가 생각하는 이라고 말할 수 없다. 주체가 반응하는 '바로 그 원인'이 고정되지 않는 한 그의 반응은 아무 내용을 지니지 못한다. 자아가 바로 그 원인에 이르려면 그 원인을 함께 느끼고 함께 겪는 타자가 있어야 한다. 주체가 타자와 함께 반응하는 '바로 그 공통 원인'은 자아의 살갗뿐만 아니라 타자의 살갗에서도 멀리 떨어진 먼 자극이어야 한다. 하지만 흄, 카르납, 콰인은 자기 인식론에서 인식 주체를 늘 제 홀로 두어야 했기에 자아의 살갗 안쪽 가까운 자극을 앎의 출발점으로 삼아야 했다.

흄, 카르납, 콰인은 잘못된 곳에서 인식론을 시작했다. 주체가 반응하는 것이 타자도 함께 반응할 수 있는 먼 자극이라는 것을 주체가 감지할 때 그 자극은 공통 공간 내 객관 위치를 갖는다. 그런 다음에야 주체의 그 반응은 비로소 내용을 갖는다. 하지만 제이인칭 타자와 상호작용해 본 적이 없는 주체는 자기 반응이 관계하는 자극을 객관 시공간 안에 위치시킬 앵글 자체를 지니지 못한다. 그에게는 자기 오류를 감지할 공공 공간이 나타나지 않는다. 이 때문에 그는 거짓 개념뿐만 아니라 참 개념도 가질 수 없다. 거짓과 참, 허상과 진상, 한갓 그렇게 보임과 참말로 그러함이 다르다는 것을 헤아리지 못하는 이는 생각을 가질 수조차 없다. 따라서 내가 아는 이가 되려면 먼저 나는 다른 마음이 있음을 감지해야 한다.

  데카르트에 따르면 바깥 물체에 대한 앎은 감각 경험으로 정당화되어서는 안 되며 모든 참말의 샘 곧 하느님으로 정당화되어야 한다. 만일 착한 하느님이 있다면 그 하느님은 내가 밝고 뚜렷하게 생각하는 것을 거짓인 양 나를 속이지 않을 것이다. 이 때문에 내가 밝고 뚜렷하게 생각하는 것은 참이다. 하지만 만일 하느님이 없어서 우리가 받아들이는 믿음이 자연 연쇄의 산물이라면 과학은 튼튼한 바탕 위에 세워질 수 없다. 데카르트는 앎을 튼튼한 바탕 위에 세우려면 모든 참말을 완전히 아는 다른 마음이 있어야 한다고 믿었다. 내가 알려면 다른 생각하는 이가 반드시 있어야 한다. 데카르트는 주체로부터 출발해 곧장 바깥 물체로 나아가지 않는다. 그의 주체는 바깥 물체로 가기 전에 가장 먼저 다른 주체에게 간다. 거기에 모든 참말의 척도가 있다는 것을 확인하고 다시 자기 자신에게 돌아와 그 척도를 자기 판단의 준거로 삼는다. 그런 다음에야 비로소 바깥 물체를 알아내는 데로 나간다. 데카르트의 인식론을 간추리면 다음과 같다. 만일 모든 참말을 아는 다른 마음이 없다면 나는 알 수 있는 이가 되지 못한다.

이처럼 데카르트는 앎의 바탕을 완전한 타자한테 찾았다. 하지만 데이빗슨은 불완전한 타자들의 공동체에서 그 바탕을 찾는다. 그의 1991년 논문 「세 가지 앎」에 적었듯이 "마음들의 공동체는 앎의 바탕이다. 이는 만물의 척도를 준다." 하느님은 모든 참말의 샘이지만 마음들의 공동체는 모든 믿음의 샘이다. 우리는 더 믿음직한 믿음을 믿으려 공통 세계 안에서 다른 이와 만나 이야기하고 탐구한다. 우리의 말은 흐릿하고 헷갈리며 때때로 다른 이가 무슨 뜻으로 저렇게 말하는지 서로 모를 때가 많다. 하지만 우리 말 안에는 참말들이 가득 실려 있기에 우리는 다른 이의 말에 귀를 기울인다. 다른 이의 말씀을 사랑스럽게 들을 때 참말, 뜻 있는 말, 곧 명제가 떠오른다. 만일 내가 너를 잘 이해할 수 없다면 세계는 물론 나 자신도 잘 이해하지 못한다. 타자, 관계, 돌봄 따위가 더 나은 자연과학을 낳고 바른 윤리학, 사회학, 정치학을 낳는다.

문장의 뜻은 우리가 참이라 여기는 문장들의 그물 안에 스며 있다. 흐릿하고 헷갈리는 믿음들의 배경에서 명제들이 흐릿하고 헷갈리게 떠오른다. 우리는 흐릿함과 헷갈림을 줄이려 우리의 생각, 믿음, 판단, 발화, 기재를 다듬겠지만 우리는 완전히 또렷한 명제들의 전체 짜임을 결코 얻지 못한다. 과학은 영원히 끝나지 않는 헤아림의 과정이며 마음의 성장이며 정신의 여정이다. 이 과정, 성장, 여정에서 우리는 다른 이와 뜻을 나누어야 한다. 왜냐하면 뜻을 나누는 이 과정에서 우리 믿음, 우리 바람, 우리 뜻이 덜 흐릿하고 덜 헷갈리기 때문이다. 이 뜻나눔^{의사소통}이 없었다면 과학 자체가 아예 생겨나지도 않았을 것이다. 코스모스 없이는 과학도 없겠지만 코뮌 없이도 과학은 없다.

02.

추론

지난 장에서 나는 과학이 앎들의 짜임, 참인 명제들의 짜임, 믿음직한 믿음들의 짜임임을 이야기했다. 지금부터는 앎을 얻는 방법 또는 믿음직한 믿음을 얻는 방법을 이야기하겠다. 나는 과학 방법을 크게 추론, 측정, 해석으로 나눈다. 추론은 모든 과학이 함께 쓰는 방법이고, 측정은 자연과학의 고유방법이며, 해석은 인문사회과학의 고유방법이다. 이 장의 주제는 추론이다.

0201. 반드시 추론

앎을 얻는 길 가운데 가장 많이 쓰는 것은 이미 알려진 앎으로부터 다른 앎을 이끌어내는 것이다. 이를 "추론"이라 한다. 한자 "추"는 '밀다'를 뜻한다. 한자 "추"推는 '손'扌을 뜻하는 조각과 '새'隹를 뜻하는 조각으로 이뤄졌다. 소리 "추"는 '새'를 뜻하는 조각의 소리와 같다. 새는 앞으로 나아가기에 이 조각을 갖는 한자는 '밀다' '치다' '누르다' 따위의 뜻을 품는다. 예컨대 한자 낱말 "추진"의 "진"進에도 이 조각이 담겨 있다. "추론"에서 "추"를 글자 그대로 뜻풀이하면 '손으로 밀다'를 뜻한다. 이 뜻에서 "추"는 '한 생각에서 다른 생각으로 나아가다' '이 생각에서 저 생각으로 옮겨 가다'도 뜻하게 된 것 같다. 우리말 "밀다"도 이와 비슷하게 쓰인다. "미루어 짐작하다"의 "미루어"가 그 보기다. 한 우리말 사전은 "미루다"를 '이미 알려진 것으로써 다른 것을 비추어 헤아리다'라고 뜻풀이했다. '추론하다'을 뜻하는 영국말 "인퍼"infer는 '안쪽으로 가져오다'를 뜻한다. 이 낱말의 이름씨 "인퍼런스"inference를 말뿌리 그대로 옮기면 '저 생각에서 이 생각으로 가져오는 것'을 뜻한다.

온갖 이야기에서 추론이 쓰인다. 특별히 과학에서 쓰는 추론을 "과학적 추론" "과학의 추론" "과학에서 추론"이라 한다. 과학에 여러 분야가 있는데 이들 분야에서 쓰는 추론은 모두 다른가? 내 생각에 자연과학의 추론, 사회과학의 추론, 인문과학의 추론은 다르지 않다. 자연과학에서 쓰는 추론이 인문과학에 쓰일 수 있고 사회과학에서 쓰는 추론이 자연과학에 쓰일 수 있다. 추론은 그것이 무엇이든 과학들에서 쓸 수 있다. 그렇다면 과학 아닌 이야기들에서 쓰는 추론이 따로 있는가? 추론은 다만 좋은 추론과 나쁜 추론이 있을 뿐이다. 좋은 추론을 하기만 한다면 주어진 앎들에서 다른 앎으로 나아갈 수 있다. 또는 믿음직한 믿음들에서 다른 믿음직한 믿음으로 나아갈 수 있다. 이 점에서 좋은 추론을 쓰냐 그렇지 않냐에 따라 과학과 비과학을 나눌 수도 있다. 우리는 좋은 추론을 "과학스러운 추론"이나 "과학다운 추론"이라 말해도 좋다. 이 경우 "과학다운 추론"은 다만 '앎으로 나아가게 하는 추론'을 뜻한다. '과학'을 '앎'이 아니라 '믿음직한 믿음'으로 여기는 이들은 '과학다운 추론'을 '믿음직한 믿음으로 나아가게 하는 추론'으로 여길 것이다.

　　무엇이 좋은 추론이고 무엇이 과학다운 추론인가? 좋은 추론을 이야기하려면 먼저 추론으로 우리가 이루고자 하는 목표를 잘 세워야 한다. 추론의 목표를 이야기하기에 앞서 추론을 "주어진 앎들에서 다른 앎으로 나아가는 일"로 정의하기보다 "주어진 명제들에서 다른 명제로 나아가는 일"로 정의하는 것이 좋겠다. 이는 두 가지 장점이 있다. 첫째, 옛날 사람들은 '앎'을 '형상'이나 '관념'

으로 이해했지만 오늘날 우리에게 더 낯익은 것은 '명제'다. 나의 앎은 내 마음이 까닭을 갖고 믿은 참인 명제이고 그의 앎은 그의 마음이 까닭을 갖고 믿은 참인 명제다. 이렇게 생각한다면 '앎' 대신에 '명제'를 쓴다 해도 달라지는 것은 거의 없다. 둘째, '과학'을 '앎들의 짜임'으로 이해하지 않고 '믿음직한 믿음들의 짜임'으로 이해하는 이들은 '앎'보다는 '명제'를 더 좋아할 것이다. 우리는 추론에 쓰이는 명제가 꼭 '참인 명제'라고 고집하지 않아도 된다. '참이라고 여긴 명제' 또는 '참이라고 믿은 명제'도 추론에 쓸 수 있다. 물론 '명제' 개념을 미덥지 않게 생각하는 이들은 '명제' 대신에 '문장'을 써도 좋다. '문장'이 마음에 들지 않으면 '기재'나 '발화'를 써도 된다.

추론은 주어진 명제들에서 다른 명제로 나아가는 일이다. 여기서 '주어진 명제들'을 "전제들"이라 한다. 전제들은 굳이 참인 명제가 아니어도 된다. 참이라고 여긴 명제도 전제가 될 수 있다. 전제들에서 따라 나온 다른 명제를 "결론"이라 한다. 결론도 전제와 마찬가지로 참인 명제가 아니라도 좋다. 다만 전제와 결론은 참이라고 여길 수 있는 것이어야 한다. 하지만 참이라고 여긴 것은 명제가 아닐 수도 있다. 다시 말해 '참인 명제'는 확실히 진짜 명제이지만 '참이라고 여긴 명제'는 가짜 명제일 수 있다. 내 생각에 "지금 쓴 이 문장은 참이다"는 가짜 명제지만 우리는 이를 참이라고 여길 수 있다. "지금 쓴 이 문장은 거짓이다"는 가짜 명제인데다 우리는 이를 참이라고 여길 수조차 없다. "전제와 결론은 참이라고 여길 수 있는 명제여야 한다"는 조건을 "전제와 결론은 참이라고 여길 수 있는 문장이어야 한다"로 누그러뜨리는 것이 좋겠다. 실제로 대부분의 일상 추론에서 쓰이는 전제와 결론은 명제라기보다는 '참이라고 여길 수 있는 문장'이다.

나는 '전제', '추론하다', '결론', '추론'을 다음과 같이 뜻매김^{정의}하겠다.

'전제'란 처음부터 참이라고 여긴 문장이다. '추론한다'는 전제들을 바탕으로 미루어보아 다른 문장을 참이라고 여기는 일이다. '결론'이란 전제들로부터 추론한 문장이다. '추론'이란 전제들과 결론을 모은 문장 꾸러미다.

"추론하다"와 비슷한 말로 "추리하다" "도출하다" "이끌어내다" 따위가 있다. 문장 꾸러미에서 결론을 표시하려고 "따라서" 같은 결론 표시어를 쓴다. '참이라고 여길 수 있는 문장'을 문법에서 "평서문" 또는 "서술문"이라 한다. 따라서 전제와 결론은 평서문이어야 한다.

'추론함'은 전제와 결론을 관계짓는 일이다. 전제와 결론의 관계는 논리 관계여야 하는데 논리 관계는 크게 두 가지가 있다. 하나는 '반드시 관계'고 다른 하나는 '아마도 관계'다. 반드시 관계는 우리가 사는 이 세계뿐만 아니라 다른 세계에서도 성립하는 관계를 말한다. 여기서 "다른 세계"란 '생각할 수 있는 다른 세계'를 뜻한다. 이 세계가 우리 우주 바깥 다른 곳에 참말로 있지 않아도 된다. 다만 우리가 그 세계를 생각할 수 있으면 그만이다. '따라 나오는 관계' 또는 '반드시 따라 나오는 관계'는 반드시 관계들 가운데 하나다. "문장 ㄱ으로부터 문장 ㄴ이 따라 나온다"는 것은 "문장 ㄱ이 참이고 문장 ㄴ이 거짓인 세계를 생각할 수 없다"를 뜻한다. 다시 말해 "문장 ㄱ으로부터 문장 ㄴ이 따라 나온다"는 "생각할 수 있는 모든 세계를 따져 보아도 문장 ㄱ이 참이고 문장 ㄴ이 거짓이지 않다"를 뜻한다. 한 세계에서 "문장 ㄱ으로부터 문장 ㄴ이 따라 나온다"가 성립한다면 다른 모든 세계에서도 "문장 ㄱ으로부터 문장 ㄴ이 따라 나온다"가 성립한다. 이 때문에 '따라 나오는 관계'는 반드시 관계다. "따라 나온다"는 여러 문장과 한 문장 사이의 관계일 수도 있다. "문장의 모임 P로부터 문장 ㄱ이 따라 나온다"는 것은 다음을 뜻한다. 생각할 수 있는 모든 세계를 따져 보았을 때 모임 P 안에 있는 문장들이 모두 참이고 문장 ㄱ이 거짓인 세계는 없다.

"따라 나온다"는 '반드시 따라 나온다'를 뜻한다. "아마도 따라 나온다"라고 말할 때는 꼭 "아마도"를 써 주어야 한다. '반드시 관계'에 견주어 볼 때 '아마도 관계'는 매우 어려운 개념이다. 반드시 관계가 아닌 관계를 모두 아마도 관계라고 여겨도 좋겠다. 내 생각에 "아마도"

는 "믿음직하게"와 비슷한 말이다. '아마도'는 우리 믿음의 크기에 따라 가늠되는 무엇이다. 문장 ㄱ과 문장 ㄴ이 반드시 관계를 맺은 것은 아니지만 우리가 둘 사이에 관계가 있다고 굳게 믿는다면 둘은 강한 아마도 관계를 맺고 있다. 우리가 둘 사이에 관계가 있다고 약하게 믿는다면 둘은 약한 아마도 관계를 맺고 있다. 다만 여기서 우리 믿음은 아무렇게나 믿은 것이어서는 안 된다. 믿음직한 다른 믿음들 곧 과학에 잘 들어맞는 믿음이어야 한다.

추론은 크게 반드시 추론과 아마도 추론으로 나눌 수 있다. 반드시 추론은 전제들과 결론이 반드시 관계를 맺고자 하는 추론이다. 아마도 추론은 전제들과 결론이 아마도 관계를 맺고자 하는 추론이다. 우리는 반드시 추론과 아마도 추론을 다음과 같이 정의할 수 있다.

'반드시 추론'이란 추론의 전제들로부터 추론의 결론이 반드시 따라 나오기를 바라는 추론이다. '아마도 추론'이란 추론의 전제들로부터 추론의 결론이 아마도 따라 나오기를 바라는 추론이다.

반드시 추론을 흔히 "연역추론"이라 하고 아마도 추론을 흔히 "귀납추론"이라 한다. 학자들 사이에 이 정의들에서 "바라는"을 넣어야 할지 말지 논쟁이 있다. 몇몇 학자는 반드시 추론을 '추론의 전제들로부터 추론의 결론이 반드시 따라 나오는 추론'으로 정의한다. 우리는 따로

"마땅한 추론"의 다음 정의를 받아들인다.

> '마땅한 추론'이란 추론의 전제들로부터 추론의 결론이 반드시 따라 나오는 추론이다.

마땅한 추론을 흔히 "타당한 추론"이라 한다. 마땅하지 않은 추론 곧 못마땅한 추론을 흔히 "부당한 추론"이라 한다. 마땅한 추론은 반드시 추론을 하려는 이의 바람을 실제로 이룬 추론이다. 논리학은 주어진 반드시 추론이 마땅한 추론인지 못마땅한 추론인지 가리는 개념 체계를 마련한다.

0202. 말길

평서문 또는 서술문은 참이라고 여길 수 있는 문장이다. 토박이말로 "베풂월"이라 한다. 평서문은 "참이다"나 "거짓이다"를 붙일 수 있는 글자들 뭉치다. "나는 생각한다"는 평서문인데 우리는 이 표현 뒤에 "참이다"나 "거짓이다"를 붙일 수 있다. 우리가 영국말이나 독일말을 모르더라도 누군가 "'예수 리프트'는 참이다"라고 말한다면 우리는 "예수 리프트"를 평서문 또는 평서문의 이름으로 여길 것이다. "관성의 법칙은 참이다"에서 "관성의 법칙"은 평서문 "힘을 받지 않는 물체의 가속도는 0이다"의 이름이다. 한편 표현 ㄱ을 큰따옴표나 작은따옴표로 감싸면 표현 ㄱ을 가리키는 이름이 만들어진다. 낱말과 문장은 매우 다른데 낱말들을 그냥 묶는다고 해서 곧장 문장이 되지 않는다. 예컨대 "물 바람 코끼리"는 낱말들의 묶음이지만 문장이 될 수 없다. 문장이 되려면 낱말들은 문법과 논리에 따라 이어져야 한다.

  말의 본모습을 깊이 생각해 본 적이 없는 이들은 우리가 먼저 낱말을 배우고 그다음 문장을 배운다고 손쉽게 말하곤 한다. 아이가 "엄마"를 처음 배울 때 그는 낱말로서 "엄마"를 배운 것이 아니다. 아이는 문장으로서 "엄마"를 배운다. 아이가 처음 이해한 "엄마"는 "엄마야?"

"엄마구나" "여기 엄마가 있네" "엄마 어디 있어?" 따위를 뜻하는 문장이다. 다시 말해 아이가 처음 배우는 것은 낱말이 아니라 한 낱말로 된 문장이다. 아이는 문장들 가운데 평서문을 가장 먼저 배운다. 평서문은 다른 문장들의 바탕이다. 말꼴^{기호} 꾸러미로서 평서문은 나름의 얼개^{구조}를 갖추고 있다. 이 얼개 덕분에 참과 거짓의 잣대를 평서문에 들이댈 수 있다. 사람 말고 다른 짐승의 울음소리는 그 소리가 아무리 길어도 문장이 되지 못한다. 왜냐하면 그 울음소리는 참 또는 거짓이 될 만한 얼개를 갖추지 못했기 때문이다. 문장을 깍둑썰기로 자르면 문장은 임자말^{주어}과 풀이말^{술어}로 나눌 수 있다. 이것은 문장을 참 또는 거짓일 수 있게 하는 바탕 얼개다.

　　문장의 얼개를 어떤 이는 "문법"이라 하고 어떤 이는 "논리"라 한다. 당연히 문법과 논리는 다르다. 외솔 최현배 선생은 "문법"을 토박이말로 "말본"이라 했다. 나는 "논리"를 토박이말로 "말길"이라 하고 싶다. 몇몇 사람들은 문법이 먼저 있고 그다음 그 문법에 따라 문장이 나온다고 믿는다. 하지만 규칙은 말을 만들어낼 수 없다. 왜냐하면 말이 먼저 있지 않고서는 규칙 자체가 이해될 수 없기 때문이다. 우리는 규칙을 이해한 다음에야 말하게 된 것이 아니라 말하게 되면서 규칙이 무엇인지 이해한다. 말은 규칙들의 뭉치가 아니다. 오히려 말은 규칙을 만들어내는 마당이다. 규칙이 있기 전에 누군가 한 낱말 문장이든 여러 낱말 문장이든 참인 문장들을 말할 수 있어야 한다. 참인 문장들은 서로 관계를 맺곤 한다. 참인 문장들 사이에 놓인 이 관계가 바로 논리^{말길}다.

옛날 철학자들이 믿었던 것과 달리 개별 낱말은 개별 사물이나 개별 관념으로부터 나오지 않는다. 프레게와 데이빗슨이 말했듯이 개별 낱말은 참인 문장들로부터 나올 뿐이다. 참인 문장들의 전체 모임은 말길 얼개를 갖는다. 타르스키는 이를 매우 잘 보여주었다. 이 얼개 때문에 문장과 문장은 같은 조각을 함께 갖기도 한다. 그 조각이 바로 낱말이다. 다시 말해 참인 문장들에서 자주 나타나는 조각들을 따로 추리면 낱말이 나온다. "소금은 희다"와 "소금은 짜다"에서 낱말 "소금"이 나오고 "소금은 희다"와 "눈은 희다"에서 낱말 "희다"가 나온다. 이들 낱말뿐만 아니라 "은" "이고" "이면" "들" 따위 낱말도 문장들에서 나타난다. 낱말에는 바깥 사물을 홀로 가리키는 홀이름이나 사물들의 모임을 나타내는 두루이름이 있다. 이뿐만 아니라 "이다", "한", "는", "들" 따위처럼 아무것도 가리키지 않고 아무것도 나타내지 않는 낱말도 있다. 이런 낱말들은 사물이나 관념 때문에 생겨난 것이 아니다. 이들은 참인 문장들에 자주 나타난다는 까닭에서 낱말로 여겨졌을 뿐이다. 이를 전문용어로 "공범주어" 또는 "공의어"라 한다.

말할 줄 안다는 것은 곧 문장과 문장 사이의 말길 관계를 안다는 것이다. "응"이나 "아니"를 뜻에 맞게 잘 쓰는 이는 이미 어느 정도 말길을 알고 있다. 달리 말해 문장에 "참이다"나 "거짓이다"를 뜻에 맞게 잘 붙일 수 있는 이는 이미 어느 정도 말길을 안다. 우리는 말길에 따라 한 문장을 다른 문장으로 바꾸고 문장과 문장을 더해 새로운 문장을 만든다. 한 문장을 다른 한 문장으로 바꾸거나 여러 문장을 이어 다른 한 문장으로 바꾸는 낱말을 "문장 바꾸개" 또는 "문장 연산자"라 한다. 자주 쓰는 문장 바꾸개에는 "는 참이다" "는 거짓이다" "이고" "이거나" "이면" 따위가 있다.

한 자리 문장 바꾸개	는 참이다
	는 거짓이다
두 자리 문장 바꾸개 문장 이음씨	이고
	이거나
	이면

우리는 "는 참이다"와 "는 거짓이다"를 다른 낱말을 써서 정의^{뜻매김}할 수 없다. 믿고 생각하고 말하는 우리는 이것들의 뜻을 이미 알고 있다. 이것들은 말하자면 '첫말'이며 '원초 개념'이고 '으뜸 개념'이다. 이들 개념에는 믿음과 생각과 말을 샘솟게 하는 무엇이 담겨 있다.

    우리는 "는 참이다"와 "는 거짓이다"를 다른 낱말을 써서 뜻매김할 수 없지만 이들 사이의 관계를 어렴풋이나마 그려낼 수는 있다. 그 관계는 문장과 세계가 맺는 관계다. 우리는 한 문장이 참인지 거짓인지가 세계에 달려 있다고 믿는다. 문장들을 참이라고 여길 때 우리는 무엇보다 세계의 있음을 믿는다. 세계가 없다면 우리는 과학을 얻을 수 없다. 과학자는 세계가 있다고 늘 믿는다. 다만 세계가 무슨 모습을 하고 있느냐는 사람마다 다를 수 있다. 참인 문장들은 세계의 모습을 이야기하며 그 문장들의 짜임이 과학을 이룬다. 문장 "나는 말한다"를 문장 A로 쓰도록 하겠다. 문장 A가 주어지면 우리가 사는 세계에 따라 문장 A는 참 또는 거짓이 된다.

　우리는 여러 다른 세계를 생각할 수 있다. 그 세계들 가운데 참말로 있는 세계가 있고 다만 생각 속에만 있는 세계도 있다. 참말로 있는 세계를 "실현된 세계"라 한다. 실현된 세계는 하나일 수 있고 여럿일 수 있다. 우리는 실현된 세계가 하나인지 여럿인지 아직 모른다. 우리는 실현된 세계들 가운데 하나에 살고 있음이 틀림없다. 우리가 사는 이 세계를 "우리 세계"라 하는데 우리 세계는 실현된 세계들 가운데 하나다. 실현된 우리 세계를 다른 말로 "현실 세계"라 한다. 실현된 세계든 다만 생각 속에만 있는 세계든 이들 세계를 모두 "생각할 수 있는 세계" "있을 수 있는 세계" "가능 세계"라 한다. 방금 말했듯이 가능 세계들이 모두 실현되었을 수 있고 오직 한 세계만이 실현되었을 수도 있다. 현실 세계 곧 우리 세계도 가능 세계들 가운데 하나다.

　가능 세계들은 크게 문장 A가 참인 세계와 문장 A가 거짓인 세계로 나눌 수 있다.

세계	A
W_1	참
W_2	거짓

만일 우리 세계가 W_1이라면 문장 A는 우리 세계에서 참이다. 만일 우리 세계가 W_2라면 문장 A는 우리 세계에서 거짓이다. "나는 생각한다"나 "나는 믿는다" 또는 "나는 말한다"는 틀림없는 참말이다. 내가 세계를 어떻게 이해하든 지금 내가 그 안에 머무는 세계는 나와 함께 지금 있다. 세계 안에 오직 나 홀로만 있다 해도 우리의 세계 또는 나의 세계는 지금 여기에 있으며 문장 A는 이 세계에서 참이다. 내 생각에 우리 세계는 W_2가 아니라 W_1이다. 세계 W_1에서 문장 A는 또렷한 뜻을 갖는다. 적어도 세계 W_1의 우리에게 문장 A는 뜻을 갖는다. "뜻을 갖는다"를 다른 말로 "뜻을 나타낸다"나 "뜻을 표현한다"라고 말한다. 문장의 뜻을 "명제"라고 하는데 이 점에서 "문장 A는 명제를 표현한다"라고 말할 수 있다. 문장 A가 또렷이 참이고 또렷한 뜻을 갖는다면 문장 A를 그냥 편하게 "명제 A"라고 달리 불러도 좋다.

 명제 A가 또렷이 참이지만 우리는 때때로 "명제 A는 거짓일 수 있다"라고 말하곤 한다. 여기서 "일 수"는 짐작이나 추측을 뜻하지 않는다. 우리 세계가 지금 여기 이 세계와 같지 않았다면 또는 다른 세계에서는 명제 A가 거짓이라는 말이다. 나는 내가 없는 세계를 생각할 수 있고 그 세계에서 "나는 말한다"가 거짓이다. "나는 말한다" 같은 문장이 거짓일 수 있음을 이야기하려고 우리는 "생각할 수 있는 세계" "있을 수 있는 세계" "가능 세계"를 가져온 셈이다. "'나는 말한다'는 거짓일 수 있다"는 말을 "우리 세계는 W_1이지만 다른 가능 세계들 가운데 W_2도 있다"로 달리 말한 것에 지나지 않는다. 말길 또는 논리는 우리가 어디까지 생각할 수 있고 어디까지 생각할 수 없는지를 금 긋는다. 아무 문장 X가 주어지면 우리는 X가 참인 가능 세계와 X가 거짓인 가능 세계 둘 다를 생각할 수 있다. 가능 세계들에 따라 한 문장은 참 또는 거짓이다. 이것이 우리 마음에 그어진 첫째 금이다. 하지만 주어진 문장이 또렷한 뜻을 갖지 못해 명제를 표현하지 못한다면 그 문장은 참도 거짓도 아닐 수 있다. 문장 A가 참인 가능 세계와 거짓인 가능 세계를 우리가 생각하자마자 우리는 문장 A가 또렷한 뜻을 갖는다고 여기는 셈이다.

우리는 가능 세계 W_1에서는 문장 A에 "참"을 매기고 가능 세계 W_2에서는 문장 A에 "거짓"을 매긴다. 여기서 "참"과 "거짓"을 문장의 "참값" 또는 "진리값"이라 한다. 한 문장은 가능 세계에 따라 참값을 갖는다. 문장이 가질 수 있는 참값이 둘이기에 우리는 두 가능 세계를 떠올릴 수 있다. 우리 마음에 방금 그어진 말길을 공리로 여기겠다. 여기서 '공리'는 증명 없이 받아들이는 거의 확실히 참인 명제를 말한다.

공리 01: 뜻을 가진 문장의 참값은 "참"과 "거짓" 가운데 하나다.

이것은 우리 생각의 금을 긋는 첫째 말길이다. 생각할 수 있는 모든 세계에서 그 어떤 명제라도 따라야 하는 말길을 "반드시 말길" "반드시 논리" "필연 논리" "연역 논리"라 한다. 공리 01은 반드시 말길이다.

우리는 한 문장에 "는 참이다"를 붙임으로써 그 문장을 바꾸어 새로운 문장을 얻는다. 문장 "나는 말한다"에 "는 참이다"를 붙여 "'나는 말한다'는 참이다"를 얻는다. "나는 말한다"와 "'나는 말한다'는 참이다"는 다른 문장이다. 하지만 "는 참이다"는 기존 문장의 참값을 바꾸지는 않는다. 문장 "A는 참이다"의 참값모눈^{진리표}을 그려 보면 이를 알 수 있다. 문장 X의 참값모눈이란 생각할 수 있는 세계들에서 문장 X의 참값을 매긴 모눈^표을 말한다.

세계	A	A는 참이다.
W_1	참	참
W_2	거짓	거짓

문장 A가 참인 가능 세계 W_1에서 문장 "A는 참이다"도 참이다. 문장 A가 거짓인 가능 세계 W_2에서 문장 "A는 참이다"도 거짓이다. 이는 우리 세계가 W_1이냐 W_2냐에 따라 달라지지 않는다. 나아가 이는 우리가 생각하는 문장이 A냐 B냐에 따라 달라지지 않는다. 이는 반드시 말

길에 해당한다. 이 말길은 다음과 같은 그림으로 그릴 수 있다.

공리 02. 참이다의 참값모눈

세계	X	X는 참이다.
W_1	참	참
W_2	거짓	거짓

이 그림을 "참이다의 참값모눈" 또는 "참이다의 진리표"라 한다. 우리는 이 그림을 증명할 수 없는 공리로 받아들인다. 다만 문장 A가 참인 가능 세계 W_1과 아무 문장 X가 참인 가능 세계 W_1이 같은 세계라고 여겨서는 안 된다. 세계 W_1과 세계 W_2는 모눈마다 늘어놓는 가능 세계들에 아무렇게나 번호를 매긴 것에 지나지 않는다.

문장 X와 관련해 우리가 생각할 수 있는 세계는 두 가지다. 하나는 문장 X가 참인 세계고 다른 하나는 문장 X가 거짓인 세계다. 생각할 수 있는 이 모든 세계에서 "X는 참이다"의 참값은 X의 참값과 같다. 생각할 수 있는 모든 세계에서 참값이 똑같은 두 문장을 두고 우리는 "두 문장의 참값모눈은 똑같다"고 말한다. "X는 참이다"와 X는 참값모눈이 똑같다. 우리는 "뜻이 같다"를 다음과 같이 정의한다.

정의 01: "두 문장 X와 Y는 뜻이 같다"는 곧 "두 문장 X와 Y는 참값모눈이 같다"를 뜻한다. 달리 말해 "두 문장은 뜻이 같다"는 "두 문장은 생각할 수 있는 모든 세계에서 참값이 똑같다"를 뜻한다.

여기서 문장 X와 Y는 뜻을 갖는 아무 문장이다. 이 정의에서 "뜻한다"가 나오기에 이 정의는 깔끔하지 않다. "문장 X는 문장 Y를 뜻한다"는 곧 "문장 X와 문장 Y는 뜻이 같다"를 뜻할 뿐이다. 이 정의는 "뜻한다" "뜻이 같다"를 "참값모눈이 같다"나 "생각할 수 있는 모든 세계에서 참값이 똑같다"로 바꿀 수 있음을 말해준다. "참값모눈이 같다"가 "뜻이 같다"보다 더 쉬운 말이기를 바랄 뿐이다.

정의 01을 써서 공리 02를 다음과 같이 달리 쓸 수 있다.

공리 02: 문장 "'X'는 참이다"는 문장 X와 뜻이 같다.

이 공리에 나오는 문장 X는 뜻을 갖는 아무 문장이다. 공리 02는 뜻이 없는 문장을 다루지 않는다. 문장 "'X'는 참이다"에서 'X'는 이 문장에서 임자말로 쓰였다. 임자말 'X'는 문장 X를 가리키는 이름이다. "나는 말한다"는 그냥 그 자체로 문장이지만 "'나는 말한다'는 참이다"에서 '나는 말한다'는 문장을 가리키는 이름이다. 보기로 "오직 물질만이 있다"는 견해를 "물질주의"라 한다. "물질주의"는 문장 "오직 물질만이 있다"를 가리키는 이름인 셈이다. 당연히 "물질주의는 참이다"와 "물질주의"는 뜻이 같지 않다. "물질주의는 참이다"는 이름 "물질주의"가 가리키는 문장 "오직 물질만이 있다"와 뜻이 같을 뿐이다.

우리는 한 문장에 "는 거짓이다"를 붙임으로써 기존 문장을 바꾸어 새로운 문장을 얻는다. "는 거짓이다"는 기존 문장의 참값을 바꾼다.

세계	A	A는 거짓이다.
W_1	참	거짓
W_2	거짓	참

문장 A가 참인 가능 세계 W_1에서 문장 "A는 거짓이다"는 거짓이다. 문장 A가 거짓인 가능 세계 W_2에서 문장 "A는 거짓이다"는 참이다. 이는 우리 세계가 W_1이냐 W_2냐에 따라 달라지지 않는다. 이는 우리가 따질 문장이 A냐 B냐에 따라 달라지지 않는다. 여기서 우리는 반드시 말길 관계를 하나 더 얻는다. 이 말길은 우리 생각이 나아갈 수 있는 길이다. 우리는 이 길 바깥으로 함부로 나가 아무렇게 생각해서는 안 된다. 우리 마음에 방금 그어진 말길을 그림으로 그려 보겠다. 뜻을 가진 아무 문장 X에 대해 우리는 다음 그림을 그릴 수 있다.

공리 03. 거짓이다의 참값모눈

세계	X	X는 거짓이다.
W_1	참	거짓
W_2	거짓	참

이 그림을 "거짓이다의 참값모눈" 또는 "부정의 진리표"라 한다. 우리는 이 그림을 증명할 수 없는 공리로 받아들인다. 참이다의 참값모눈과 거짓이다의 참값모눈은

개념들 '참'과 '거짓'과 '세계' 사이의 관계를 어렴풋이 그려준다. 한편 "안" "아니" "않" "아니다"는 "거짓이다"와 비슷하게 쓰인다. 하지만 이것들이 "거짓이다"와 같은 일을 한다고 말하는 것은 섣부르다.

거짓이다의 참값모눈 곧 공리 03을 써서 다음과 같은 그림을 얻는다.

세계	X	X는 거짓이다.	'X는 거짓이다'는 거짓이다.
W_1	참	거짓	참
W_2	거짓	참	거짓

생각할 수 있는 모든 세계에서 "'X는 거짓이다'는 거짓이다"의 참값은 X의 참값과 같다. 정의 01에 따르면 문장 "'X는 거짓이다'는 거짓이다"는 문장 X와 뜻이 같다. 다른 공리와 정의에 비추어 이는 밝고 또렷이 참이다. 증명의 규칙 곧 추론규칙을 아직 세우지 못했지만 우리는 이를 "정리"라 하겠다. 여기서 '정리'는 정의와 공리 따위를 써서 마땅하게 따라 나온 결론을 말한다.

정리 01: 문장 "'X는 거짓이다'는 거짓이다"는 문장 X와 뜻이 같다.

여기에 나오는 문장 X는 뜻을 갖는 아무 문장이다. 몇몇 논리학자는 문장 "'X는 거짓이다'는 거짓이다"가 문장 X와 뜻이 다르다고 주장한다. 이들이 내 생각과 다른 점은 다음 둘 가운데 하나다. 첫째, 공리 01이나 공리 03을 받아들이지 않는다. 둘째, "거짓이다"는 "안" "아니" "않" "아니다" 따위와 뜻이 같다고 생각한다. "이순신은 안 씩씩하다"나 "이순신은 씩씩하지 않다"는 "'이순신은 씩씩하다'는 거짓이다"와 뜻이 다르다. 보통 우리가 "이순신은 안 씩씩하다"나 "이순신은 씩씩하지 않다"고 말할 때 우리는 이순신이 있음을 받아들인다. 하지만 "'이순신은 씩씩하다'는 거짓이다"는 "이순신은 없거나 이순신은 씩씩하지 않다"를 뜻한다. 따라서 "거짓이다"를 "안" "아니" "않" "아니다" 따위와 똑같게 여기지 않는 것이 좋겠다. 공리 01이나 공리 03을 받아들이지 않는 사람은 우리와 다른 "거짓이다"를 쓰고 있을 뿐이다. 우리가 과학의 추론에서 쓰려는 "거짓이다"는 공리 01과 공리 03에 나오는 "거짓이다"다.

두 자리 문장 바꾸개 "이고"는 문장과 문장을 이어 새로운 문장을 만든다. 새롭게 만들어진 문장은 처음 문장들과 무슨 관계를 맺을까? 아무 두 문장 X와 Y의 참값을 생각하며 "X이고 Y"의 참값이 어떻게 될지를 생각해 보면 되겠다. 문장 X와 Y의 참값에 따라 우리는 네 가지 세계를 생각해 볼 수 있다. 하나는 문장 X와 Y가 둘 다 참인 세계고 다른 하나는 문장 X와 Y가 둘 다 거짓인 세계다. 남은 둘은 문장 X와 Y 가운데 하나는 참이고 다른 하나는 거짓인 세계다. 이 네 가지 세계에서 "X이고 Y"의 참값은 다음처럼 될 것 같다.

정의 02. 이고의 참값모눈

세계	X	Y	X이고 Y
W_1	참	참	참
W_2	참	거짓	거짓
W_3	거짓	참	거짓
W_4	거짓	거짓	거짓

이 그림을 "이고의 참값모눈" 또는 "연언의 진리표"라 한다. 이 그림은 "이고"의 뜻을 잘 보여주기에 낱말 "이고"를 정의한다고 말해도 좋다. 우리는 이 그림을 "이고의 정의"로 받아들인다. 몇몇 사람들은 "이고"를 정의 02에 따라 쓰지 않을 수도 있다. 정의 02를 따르지 않는 "이고"는 다만 정의 02의 "이고"와 다른 "이고"일 뿐이다. 사람들은 여러 가지 "이고"를 쓸 수 있고 그것이 저마다 쓸모가 있을 것이다. 과학의 추론에서 쓰이는 "이고"는 정의 02에서 정의된 "이고"다.

공리 03과 정의 02로부터 얻을 수 있는 것이 여럿 있다. 먼저 "X이고, X는 거짓이다"의 참값모눈을 만들어 보겠다.

세계	X	X이고, X는 거짓이다.
W_1	참	거짓
W_2	거짓	거짓

문장 "X이고, X는 거짓이다"는 생각할 수 있는 모든 세계에서 거짓이다. 우리는 "반드시 참말"과 "반드시 거짓말"의 다음 정의를 받아들인다.

> 정의 03: "반드시 참이다"는 "생각할 수 있는 모든 세계에서 참이다"를 뜻한다. 반드시 참말은 곧 반드시 참인 문장이다. "반드시 거짓이다"는 "생각할 수 있는 모든 세계에서 거짓이다"를 뜻한다. 반드시 거짓말은 곧 반드시 거짓인 문장이다.

이 정의에 따르면 문장 "X이고, X는 거짓이다"는 반드시 거짓이다. 다른 공리와 정의에 비추어 이는 밝고 또렷이 참이다. 추론규칙을 아직 세우지 못했지만 이를 "정리"라 하겠다.

> 정리 02: 문장 "X이고, X는 거짓이다"는 반드시 거짓이다.

이 정리에 나오는 문장 X는 뜻을 갖는 아무 문장이다. 정리 02를 다른 말로 "모순율" "무모순율" "비모순율"이라 한다. 몇몇 논리학자는 무모순율을 받아들이지 않는다. 그들은 공리 03을 받아들이지 않거나 정의 02를 받아들이지 않는다. 공리 03과 정의 02에 나오는 "거짓이다"와 "이고"를 과학에서 쓰려는 이들은 정리 02도 받아들여야 할 것이다. 한편 문장 "X이고, X는 거짓이다"를 "모순문장"이라 한다. 정리 02 곧 무모순율은 "모순문장은 반드시 거짓이다"로 짧게 간추릴 수 있다.

0203. 추론규칙

우리는 참값모눈을 써서 "따라 나온다" 또는 "반드시 따라 나온다"를 정의할 수 있다.

> 정의 04: "문장들 $P_1, P_2, P_3, \ldots P_N$으로부터 문장 Q가 따라 나온다"는 곧 "생각할 수 있는 세계들 가운데 문장들 $P_1, P_2, P_3, \ldots P_N$이 모두 참이고 문장 Q가 거짓인 세계는 없다"를 뜻한다.

이 정의에 따르면 "문장 P로부터 문장 Q가 따라 나온다"는 곧 "생각할 수 있는 세계들 가운데 문장 P가 참이고 문장 Q가 거짓인 세계는 없다"를 뜻한다. 보기로 문장 P를 "X이고 Y"로 두고 Q를 X로 둔 뒤 P의 참값모눈과 Q의 참값모눈을 그려 보겠다. P의 참값모눈을 만들 때 정의 02 곧 "이고"의 정의를 썼다.

세계	X	Y	P X이고 Y	Q X
W_1	참	참	참	참
W_2	참	거짓	거짓	참
W_3	거짓	참	거짓	거짓
W_4	거짓	거짓	거짓	거짓

생각할 수 있는 세계는 모두 네 가지다. 이 네 가지에서 P

가 참이고 Q가 거짓인 세계는 없다. 정의 04에 따르면 문장 P로부터 문장 Q가 따라 나온다. 다시 말해 문장 "X이고 Y"로부터 문장 X가 따라 나온다.

방금 문장 "X이고 Y"로부터 문장 X가 따라 나온다는 것을 참값모눈을 그려 밝고 또렷하게 보였다. 마찬가지로 문장 "X이고 Y"로부터 문장 Y가 따라 나온다. 같은 방법으로 문장 "'X는 거짓이다'는 거짓이다"로부터 문장 X가 따라 나온다는 것도 밝혀 보일 수 있다. 우리는 추론의 전제로부터 추론의 결론이 따라 나오는지 그렇지 않은지 참값모눈으로 따질 수 있다. 전제로부터 결론이 따라 나오는 추론을 "마땅한 추론" 또는 "타당한 추론"이라 한다.

정의 05: 한 추론이 마땅하다는 것은 곧 그 추론의 전제들로부터 그 추론의 결론이 따라 나온다는 것을 뜻한다.

우리는 다음 추론이 마땅하다는 것을 알 수 있다.

'X는 거짓이다'는 거짓이다.
따라서 X

여기서 X는 뜻을 가진 아무 문장이 올 수 있다. 이것은 마땅한 추론의 본보기다. 이 본보기를 "거짓이다 없애기" 또는 "이중부정논법"이라 한다.

또한 다음 추론도 마땅하다.

  X이고 Y   X이고 Y
  따라서 X   따라서 Y

여기에 나오는 문장 X와 Y는 뜻을 갖는 아무 문장들이다. 문장 X와 Y가 무슨 문장이든 위 왼쪽 추론과 오른쪽 추론은 마땅하다. 두 추론은 마땅한 추론의 본보기다. 이 본보기를 "이고 없애기" 또는 "단순화논법"이라 한다. 우리는 참값모눈을 써서 다음 추론들도 마땅하다는 것을 또렷이 밝혀 보일 수 있다.

  X   Y
  Y   X
  따라서 X이고 Y   따라서 X이고 Y

여기에 나오는 문장 X와 Y는 뜻을 갖는 아무 문장들이다. 문장 X와 Y가 무슨 문장이든 위 왼쪽 추론과 오른쪽 추론은 마땅하다. 두 추론은 마땅한 추론의 본보기다. 이 본보기를 "이고 넣기" 또는 "연언논법"이라 한다.

 "이고 넣기", "이고 없애기", "거짓이다 없애기" 따위는 마땅한 추론의 본이다. 마땅한 추론의 본을 다른 말로 "추론규칙"이라 한다. 추론규칙은 여러 가지다. 우리는 정의와 공리로부터 "이고 넣기", "이고 없애기", "거짓이다 없애기"가 마땅한 추론임을 밝혀 보일 수 있다. 우리가 이것들을 정의와 공리를 써서 밝혀 보였지만 이 추론이 마땅하다는 점을 그 자체로 받아들여도 상관없다. 무턱대고 우선 받아들여야 하는 추론의 규칙을 "기본 추론규칙"이라 한다. "이고 넣기", "이고 없애기", "거짓이다 없애기"도 기본 추론규칙으로 여기겠다. 기본 추론규칙에는 이것 말고 5개가 더 있다. 이 개수를 더 줄일 수 있지만 짝을 맞추어 8개가 한 벌이 되게 했다. 이 기본 추론규칙들을 모두 "규칙 R"이라 부르겠다.

규칙 R: 기본 추론규칙

R1. 이고 넣기	1. X 2. Y 따라서 X이고 Y	1. X 2. Y 따라서 Y이고 X
R2. 이고 없애기	1. X이고 Y 따라서 X	1. X이고 Y 따라서 Y
R3. 이거나 넣기	1. X 따라서 X이거나 Y	1. X 따라서 Y이거나 X
R4. 이거나 없애기	1. X이거나 Y 2. X는 거짓이다. 따라서 Y	1. X이거나 Y 2. Y는 거짓이다. 따라서 X
R5. 이면 넣기	왼쪽 추론이 마땅하면 오른쪽 추론도 마땅하다.	
	1. A 2. X 따라서 Y	1. A 따라서 X이면 Y
R6. 이면 없애기	1. X이면 Y 2. X 따라서 Y	

R7. 거짓이다 넣기	왼쪽 추론이 마땅하면 오른쪽 추론도 마땅하다. 1. A 2. X 따라서 모순문장 1. A 따라서 X는 거짓이다.
R8. 거짓이다 없애기	1. X는 거짓이다는 거짓이다. 따라서 X

규칙 R에서 R1, R2, R8은 이미 앞에서 다루었듯이 다른 공리와 정의로부터 밝혀 보일 수 있다. 규칙 R3, R4, R5, R6, R7은 또 다른 공리들로 봐야 한다. 우리는 규칙 R로부터 다른 마땅한 추론의 본을 만들어낼 수 있다. 이렇게 만들어진 추론의 본을 "파생 추론규칙"이라 한다.

    기본 추론규칙은 "거짓이다", "이고", "이거나", "이면"의 뜻을 잘 담고 있다. 규칙 R로부터 우리는 "이거나"의 뜻과 "이면"의 뜻을 추론할 수 있다. 공리와 규칙 R을 써서 이거나의 참값모눈을 그릴 수 있다. 나아가 우리는 공리와 규칙 R을 써서 "X이면 Y"와 "'X이고, Y는 거짓이다'는 거짓이다"가 뜻이 같다는 것도 보일 수 있다. 우리는 손쉽게 "'X이고, Y는 거짓이다'는 거짓이다"의 참값모눈을 만들 수 있기에 이로부터 이면의 참값모눈을 쉽게 얻는다. 이렇게 추론된 이거나의 참값모눈과 이면의 참값모눈은 다음과 같다. 여기서 규칙 R3과 R4를 따르는 "이거나"는 논리학자들이 "포괄 선언"이라 부르는 것이다. 공리들을 써서 뜻이 똑같은 문장들의 짝을 더 찾아낼 수 있다.

세계	X	Y	X이거나 Y	X이면 Y
W_1	참	참	참	참
W_2	참	거짓	참	거짓
W_3	거짓	참	참	참
W_4	거짓	거짓	거짓	참

보기를 들어 "X이면 Y"와 "Y가 거짓이면 X는 거짓이다"는 뜻이 같다. 지금까지 간추린 정의, 공리, 규칙으로 짜인 논리 체계를 "문장 논리" 또는 "명제 논리"라 한다. 문장 논리에 쓰이는 "는 참이다", "는 거짓이다", "이고", "이거나", "이면" 따위는 문장의 참값에 따라 그 뜻이 드러난다. 다시 말해 이것들은 참값의 함수에 따라 그 뜻이 드러나고 서로 관계 맺는다. 이 때문에 문장 논리를 "진리함수 논리"라고도 한다.

    규칙 R은 문장과 명제에 대한 몇 가지 숨은 가정을 품고 있다. 한 문장이 뜻을 가진다면 그 문장은 한 명제를 표현한다. 이미 말했듯이 '명제'란 '문장이 가진 뜻' 곧 '문장의 뜻'이다. 이 때문에 "문장 X는 명제를 나타낸다"를 짧게 "문장 X는 명제다"라고 말할 수 있다고 했다. 우리는 문장과 명제의 관계에 관한 다음 공리를 받아들인다. 이를 "공리 P"라고 하겠다.

    공리 P. 문장과 명제의 관계
      P1. 만일 문장 X가 참이면, 문장 X는 명제다.
      P2. 만일 문장 X가 거짓이면, 문장 X는 명제다.

P3. 만일 문장 X가 명제이면, 문장 X는 참이거나 문장 X는 거짓이다.

우리는 공리 P1, P2, 규칙 R을 써서 다음을 추론할 수 있다.

만일 문장 X와 Y가 둘 다 명제이면, 문장 "X이고 Y", 문장 "X이거나 Y", 문장 "X이면 Y"도 명제다.

한편 공리 P를 받아들인다면 우리는 거짓말쟁이 역설에 휘말리지 않을 수 있다. 만일 "이 문장은 거짓이다"가 명제라면 공리 P3에 따라 "'이 문장은 거짓이다'는 참이거나 거짓이다"는 참이어야 한다. 하지만 잘 따져 보면 "'이 문장은 거짓이다'는 참이거나 거짓이다"는 참일 수 없다. 따라서 "이 문장은 거짓이다"는 명제가 아니다. 물론 "이 문장은 거짓이다"는 문장일 수는 있다. 하지만 이 문장은 뜻을 가질 수 없다. 명제의 본모습을 탐구했던 20세기 철학자와 수학자들은 뜻을 가질 수 없는 가짜 명제에 홀렸다. 그들은 깊은 미로에서 오랫동안 헤맸고 거기서 빠져나오는 데 애를 먹었다. 그들은 '참이다'나 '거짓이다' 개념보다 '명제' 개념이 앞선다고 가정했다. 하지만 오히려 '명제' 개념보다 '참이다'와 '거짓이다' 개념이 더 앞선다. 참인 문장이 나타날 때 거기에 명제가 나타난다.

0204. 제1차 논리

문장 논리를 찾는 데 크게 이바지한 학자는 스토아학파의 크리시포스다. 문장 논리의 규칙 R7에 나오는 '거짓이다 넣기'는 전문용어로 "귀류법" 또는 "배리법"이라 한다. 결론을 부정하면 오류에 빠져든다는 것을 보여줌으로써 결론을 증명하는 방법이다. 이 방법을 주로 쓴 사람은 파르메니데스의 제자 제논이었다. 파르메니데스와 제논을 잇는 엘레아학파는 소크라테스의 제자 에우클레이데스가 만든 메가라학파에 영향을 주었다. 엘레아는 파르메니데스가 태어나 주로 활동했던 곳이고 메가라는 에우클레이데스가 태어나 주로 활동했던 곳이다. 메가라의 에우클레이데스는 알렉산드리아의 에우클레이데스 곧 유클리드와 다른 사람이다. 메가라학파에서는 나중에 스토아학파를 만든 키티온의 제논과 그리스의 3대 수학자 중 하나인 아폴로니우스가 나왔다. 거짓이다 넣기를 주로 쓴 엘레아학파, 메가라학파, 스토아학파는 문장 논리의 짜임을 차츰 알아 나갔다. 거짓이다 넣기를 쓰면서 그들은 이면문장 곧 조건문의 뜻을 조금씩 또렷이 알아나갔다.

  키티온의 제논은 테베의 크라테스와 메가라학파 선생들에게 배운 것을 그리스 공회당에서 가르쳤다. 공회당을 "스토아"라 하는데 여기서 스토아학파가 생겨났다. 제논에 이어 이 학파를 이끈 사람은 클레안테스다. 크리시포스는 BCE230년쯤 이 학파를 이끌었다. 2세기의 기독교 신학자 클레멘스 또는 클레멘트의 말에 따르면 최고 시인은 호메로스고, 최고 철학자는 플라톤이며, 최고 과학자는 아리스토텔레스지만, 최고 논리학자는 크리시포스다. 그는 문장 논리의 추론규칙들을 "증명할 수 없는 식"이라 부르며 이것으로 다른 것들을 증명했다. 당시 "증명할 수 없는"은 "자명한"을 뜻하기도 했다. 크리시포스의 문장 논리는 그보다 먼저 나온 아리스토텔레스의 논리와 대립하는 것으로 고대와 중세 내내 오해받았다. 이 때문에 문장 논리 자체가 오랫동안 억눌렸다. 크리시포스의 논리학이 아리스토텔레스 논리학의 밑바탕이 된다는 것을 깨닫는 데 아주 오랜 시간이 걸렸다.

문장 논리는 문장 안에서 "참이다", "거짓이다", "이고", "이거나", "이면" 따위를 찾아낸다. 이들 낱말은 모든 말들에 널리 퍼져 있고 모든 말들이 함께 갖고 있다. 경험주의와 자연주의를 받아들이는 윌러드 밴 오먼 콰인조차도 이를 가정해야 했다. 그에 따르면 아무리 서로 생각이 다르고 환경이 달라도 이들 낱말이 지켜야 하는 규칙만은 말하는 사람들 모두가 함께 갖고 있다. 다만 그는 우리 모두가 이 규칙을 함께 갖게 된 까닭을 자연선택으로 설명하려고 애썼다. 하지만 내 생각에 논리 자체는 자연에서 비롯된 것이 아니다. "참이다", "거짓이다", "이고", "이거나", "이면"의 규칙을 자연선택이나 자연법칙으로 설명하려는 모든 시도는 끝내 실패하고 말 것이다.

아리스토텔레스는 문장을 임자말^{주어}과 풀이말^{술어}로 나눔으로써 말길 얼개를 드러내려 했다. "세종"은 오직 한 사물을 가리키는데 이런 낱말을 "홀이름" 또는 "단칭어"라 한다. "모든 사람은 말한다"에서 "사람"은 한 사물을 가리키지 않으며 사물들의 모임을 가리키지도 않고 다만 여러 사물들을 두루두루 나타낸다. 이런 낱말을 "두루이름" 또는 "일반어"라 한다. 말은 개별 사물들을 가리키는 홀이름들을 갖춰야 하고 사물들을 두루두루 나타내는 두루이름들을 갖춰야 한다. 두루이름에 풀이말 토씨 "이다"를 붙이면 풀이말이 만들어진다. 이로써 우리는 한 문장을 "a는 b다", "a는 b가 아니다", "a는 S다", "a는 S가 아니다", "모든 S는 P다", "어느 S도 P가 아니다", "몇몇 S는 P다", "몇몇 S는 P가 아니다" 따위 가운데 하나로 볼 수 있다. 여기서 a와 b는 홀이름이고 S와 P는 두루이름이다. 한 문장을 이렇게 쪼갬으로써 그 문장의 얼개를 더 잘 나타낼 수 있다. "풀이말"을 한자로 "술어"라 하는데 아리스토텔레스의 논리는 술어 논리에 해당한다. 술어 논리는 개체들을 세는 "모든" "몇몇" 따위를 잘 다룰 수 있어야 한다. "모든"과 "몇몇"을 "양화사"라 하는데 술어 논리를 "양화 논리"라 달리 부른다.

술어 논리 또는 양화 논리는 문장을 임자말과 풀이말로 쪼갬으로써 문장과 문장 사이에 담긴 말길을 드러낸다. 이 말길은 "모든"과 "몇몇"을 마땅하게 다루는 추론규칙이다. 우리는 다음 규칙들을 기본 추론규칙으로 받아들이며 규칙 R을 이루는 것으로 본다. 이들도 증명 없이 받아들여야 하는 공리다.

규칙 R. 기본 추론규칙

R9. 모든 넣기	1. x는 P다. 따라서 모든 것은 P다.	1. x가 S면 x는 P다. 따라서 모든 S는 P다.
R10. 모든 없애기	1. 모든 것은 P다. 따라서 a는 P다.	1. 모든 S는 P다. 따라서 만일 a가 S면 a는 P다.
	1. 모든 것은 P다. 따라서 x는 P다.	1. 모든 S는 P다. 따라서 만일 x가 S면 x는 P다.
R11. 몇몇 넣기	1. a는 P다. 따라서 몇몇은 P다.	1. a는 S고 P다. 따라서 몇몇 S는 P다.
	1. x는 P다. 따라서 몇몇은 P다.	1. x는 S고 P다. 따라서 몇몇 S는 P다.
R12. 몇몇 없애기	1. 몇몇은 P다. 따라서 o는 P다. 여기서 o는 전제에서 적어도 하나 있다고 말한 그것들 가운데 하나를 가리킨다.	1. 몇몇 S는 P다. 따라서 o는 S고 P다.

여기서 S와 P는 두루이름이다. a와 o는 한 사물을 붙박이로 가리키는 붙박이 홀이름이다. x는 한 사물을 가리키는 홀이름이지만 이 사물 저 사물로 떠돌아다니며 가리키는 떠돌이 홀이름이다. 붙박이 홀이름을 한자로 "상항"

이라 하고 떠돌이 홀이름을 한자로 "변항"이라 한다. 수학에서 이들은 "상수"와 "변수"로 달리 불린다.

이 추론규칙으로부터 "모든"과 "몇몇"의 뜻이 생겨난다. 이 공리에 따르면 "몇몇"의 뜻은 "적어도 하나 있다"를 뜻한다. 규칙 R9, R10, R11, R12를 받아들인다면 아래의 왼쪽 문장이 오른쪽 문장으로 달리 쓸 수 있음을 밝힐 수 있다.

모두 그렇다 전칭긍정	모든 S는 P다.	무엇이든 그것이 S면 그것은 P다.
모두 아니다 전칭부정	어느 S도 P가 아니다.	무엇이든 그것이 S면 그것은 P가 아니다.
몇몇 그렇다 특칭긍정	몇몇 S는 P다.	S고 P인 것이 적어도 하나 있다.
몇몇 아니다 특칭부정	몇몇 S는 P가 아니다.	S고 P 아닌 것이 적어도 하나 있다.

또한 이로부터 여러 가지 뜻이 같은 말들을 증명할 수 있다. 예컨대 "'모든 S는 P다'는 거짓이다"는 "몇몇 S는 P가 아니다"와 뜻이 같으며, "어느 S도 P가 아니다"는 "어느 P도 S가 아니다"와 뜻이 같다.

소리들의 뭉치 또는 그림들의 뭉치가 말이 되려면 몇 가지 조건을 갖춰야 한다. 첫째, "참이다"나 "거짓이다"를 붙일 수 있는 문장들이 있어야 한다. 둘째, "이고", "이거나", "이면" 따위의 문장 이음씨를 갖추어 문장과 문장을 이어 새로운 문장을 만들 수 있어야 한다. 이음씨로 이어진 문장들을 "겹문장"이라 하고 그렇지 않은 문장을 "홑문장"이라 한다. 겹문장의 참 또는 거짓은 홑문장들의 참 또는 거짓에 달려 있다. 셋째, "모든", "몇몇", 홀이름, 두루이름 따위를 갖추어 문장을 임자말과 풀이말로 쪼갤 수 있어야 한다. 소리나 그림 꾸러미가 이 세 조건을 갖추었을 때 그 꾸러미는 말이 될 수 있다. 이 조건을 갖춘 소리를 내고 그림을 그린 첫 짐승은 우리 사람이다. 이러한 말을 바탕으로 과학기술이 자라났다.

 이 세 조건은 말하자면 으뜸 말길이다. 전문 논리학자들은 이를 "제1차 논리" "제1차 술어 논리" "제1차 양화 논리"라 부른다. 논리학자들이 제1차 논리를 또렷하게 드러낸 것은 19세기 말이었다. 20세기의 과학기술 혁명은 사람들이 제1차 논리를 또렷하게 드러낸 것에 크게 빚지고 있다. 으뜸 말길이 이렇게 늦게 드러난 까닭은 철학자들이 문장 탐구를 너무 늦게 시작했기 때문이다. 17세기 이전 학자들은 '이데아'나 '형상'을 주로 탐구했고 그 이후에는 '관념'을 주로 탐구했다. 명제나 문장을 깊이 탐구하면서 말에 담긴 보편 구조 곧 말길을 더 잘 보게 되었다. 말할 것도 없이 사람 말은 제1차 논리보다 훨씬 더 많이 겹치고 뒤섞인 얼개를 갖추었다. 하지만 과학 이론의 첫 구조는 제1차 논리다. 아리스토텔레스는 BCE4세기에 이 구조를 대략이나마 드러냈는데 그의 제자들은 이 구조를 "오르가논"이라 했다.

0205. 튼튼한 추론

앞에서 이야기한 것들을 간추리겠다. 추론은 주어진 명제들로부터 다른 명제를 이끌어내는 일이다. 전제들은 주어진 명제들이고 결론은 그 전제들에서 이끌어진 명제다. 추론은 크게 둘로 나눌 수 있다. 반드시 추론은 전제들로부터 결론이 반드시 따라 나오기를 바란다. 아마도 추론은 전제들로부터 결론이 아마도 따라 나오기를 바란다. 반드시 추론들 가운데 결론이 전제로부터 반드시 따라 나오는 추론을 "타당한 추론" 또는 "마땅한 추론"이라 한다. 마땅한 추론의 꼴을 "추론 형식" 또는 "추론 규칙"이라 한다. 다른 추론규칙의 본이 되는 추론규칙을 "기본 추론규칙" 또는 "으뜸 추론규칙"이라 한다.

"이면 없애기" 또는 "긍정 논법"은 으뜸 추론규칙이다. 이는 "X이면 Y. X. 따라서 Y" 꼴을 띤다. 보기로 "전자가 전하를 띤다면 전자는 전기마당에서 힘을 받는다. 전자는 전하를 띤다. 따라서 전자는 전기마당에서 힘을 받는다"는 이면 없애기를 따르는 추론이다. "전자가 전하를 띤다면 전자는 전기마당에서 힘을 받는다"와 "전자는 전하를 띤다"가 참이라면 "전자는 전기마당에서 힘을 받는다"도 반드시 참이다. 양화논리에서도 으뜸 추론규칙이 있다. 그 가운데 하나인 "모든 없애기" 또는 "보편 예화"는 "모든 S는 P다. 따라서 a가 S이면 a는 P다" 꼴을 띤다. 보기로 "모든 생물은 복제자를 갖는다. 따라서 만일 이 바이러스가 생물이라면 이 바이러스는 복제자를 갖는다"는 모든 없애기에 맞게 추론했다. "모든 생물은 복제자를 갖는다"가 참이라면 "만일 이 바이러스가 생물이라면 이 바이러스는 복제자를 갖는다"도 반드시 참이다. "모든 생물은 복제자를 갖는다. 이 바이러스는 생물이다. 따라서 이 바이러스는 복제자를 갖는다"는 모든 없애기와 이면 없애기를 함께 쓴 추론이다. 전제들로부터 추론규칙들을 따라 결론을 이끌어낸다면 전제들의 참은 결론의 참을 100% 보장한다.

하지만 추론규칙은 결론의 참을 보장하지 않는다. 왜냐하면 추론규칙은 전제들이 실제로 참인지 거짓인지 묻지 않기 때문이다. 추론규칙은 전제들이 모두 참이라면 반드시 결론도 참이라고 말할 뿐이다. 이것은 추론규칙만으로는 앎을 얻을 수 없음을 뜻한다. 추론규칙으로 앎을 얻으려면 전제들이 실제로 참이어야 한다. 이것은 전제들이 참인 명제들 곧 앎들이어야 함을 뜻한다. 참인 전제들로부터 결론을 마땅하게 이끌어내는 추론을 "튼튼한 추론" 또는 "건전한 추론"이라 한다. 데카르트는 튼튼한 추론으로 모든 과학을 세워야 한다고 굳게 믿었다. 이를 이룩하려면 의심할 수 없는 진실들이 과학의 출발점에 와야 한다. 그 출발점이 다른 것으로부터 따라 나온다면 그것은 출발점에 걸맞지 않다. 따라서 그 출발점은 다른 것으로부터 따라 나올 수 없는 것이어야 한다.

다른 앎들의 씨앗이나 뿌리가 되는 출발점을 "제일원리"라 한다. 과학의 출발점은 자기가 자신의 옳음을 밝히는 명제 곧 자명한 명제여야 한다. 이성주의자는 자명한 제일원리로서 선험명제를 가져왔고 경험주의자는 감각자료를 가져왔다. 선험명제는 겪지도 않고 참임이 드러나는 명제다. 감각자료는 우리 감각기관들에 곧장 주어진 자료다. "자료"를 라틴말로 "데이터"라 하는데 이것은 "주어진"을 뜻한다. 감각자료가 앎의 출발점이 되려면 그것은 먼저 명제로 표현되어야 한다. 20세기의 논리실증주의는 감각자료로부터 곧장 나온 명제를 과학의 출발점으로 삼았다. 그것은 곧 관찰명제다.

데카르트는 아무도 결코 의심할 수 없는 진실을 찾아나섰다. 그것은 "나는 생각한다" 또는 "나는 생각하는 이로서 있다"다. 그는 "나는 생각한다"가 100% 확실한 진실인 만큼 그 확실한 진실을 가능하게 하는 완전한 마음이 있다고 생각했다. 그는 "나는 생각한다"와 더불어 "나는 완전한 마음을 본받고 있다"로부터 다른 앎들을 하나씩 하나씩 쌓아나가려 했다. 오늘날 과학은 완전한 이성이 있는지 없는지 묻지 않는다. 완전한 이성이 있다고 믿지 않아도 과학자가 될 수 있고 앎을 사랑할 수 있다. 다만 우리가 언젠가 이르길 바라는 마지막 과학은 완전한 이성이 파악하는 참인 명제들의 체계와 같을 것이다. 과학자는 자기의 이성이든 동료의 이성이든 그것이 가장 완전한 이성을 본받을 때 제대로 과학 활동을 할 수 있다고 믿는다. 이 믿음은 그들이 데카르트처럼 튼튼한 추론을 써서 자기 주장을 밝혀 보이려 하는 데서 잘 나타난다. 그들은 매우 믿음직한 전제들을 출발점으로 삼아 마땅한 추론규칙을 써서 따라 나오는 결론만 믿으려 한다. 경험을 중시하는 이들은 우리가 자연과 실험실에서 실제로 겪는 것들을 미더운 출발점으로 삼는다. 이성을 중시하는 이들은 우리의 이성이 의심 없이 받아들이는 것들을 미더운 출발점으로 삼는다.

튼튼한 추론으로 자기 주장을 정당화하는 일의 장점은 그 결론이 실제로 참이라는 점이다. 하지만 결론에 담긴 정보가 전제들 안에 담긴 정보를 넘어서지 못한다는 것은 단점이다. 반드시 추론은 전제들 안에 들어 있지 않은 정보를 이끌어낼 수 없다. 우리가 튼튼한 추론으로 자기 주장을 정당화한다 하더라도 우리 주장은 새로운 정보를 담지 못한다. 이런 단점이 있지만 튼튼한 추론은 앎을 얻는 아주 멋진 길이다. 유클리드의 기하학은 이러한 길을 아주 멋지게 보였다. 이 때문에 몇몇 철학자들은 튼튼한 추론으로 앎을 얻는 방식을 "기하학의 방법"이라 말하곤 했다. 기하학의 방법은 다른 모든 수학 분야들에서 쓰는 튼튼한 추론의 방법이며 이것은 반드시 논리를 쓴 방법이다.

수학 방법이나 기하학 방법에서 가장 중요한 일은 추론의 출발점이 되는 앎들을 찾는 일이다. 다른 앎들의 출발이 되는 바탕 앎은 여러 가지로 나눌 수 있다. 먼저 뜻매김^{정의}은 우리가 그렇게 뜻매김하자마자 참이다. 아무렇게 뜻매김하면 우리가 바라는 앎이 나오지 않을 수 있고 다른 뜻매김들과 부딪힐 수도 있다. 제대로 뜻매김하는 일은 너무 어렵다. 실제로 수학은 "집합"이나 "모임"을 뜻매김하는 일을 그만 두었다. 그대신 집합과 관련된 거의 확실히 참인 명제들을 써서 집합이론을 시작한다. 과학에서 증명 없이 받아들이는 거의 확실히 참인 명제를 "공리"라 한다. 공리보다 덜 그럴듯하지만 비슷한 일을 맡는 명제를 "공준"이라 한다. 철학에서는 이를 "요청"이라 한다. 아직 증명되지 못했지만 언젠가 증명될 것이라 기대되는 매우 믿음직한 명제를 "가설" 또는 "추측"이라 한다. 정의, 공리, 공준을 써서 마땅하게 따라 나온 결론을 "정리"라 한다.

  튼튼한 추론을 써서 앎을 얻고자 하는 일은 사실 철학과 과학이 시작할 때부터 지금까지 멈추지 않고 줄곧 이어져 왔다. 철학자와 과학자들이 제일원리, 선험명제, 감각자료, 관찰명제, 공리, 공준 등을 찾았던 것은 탐구를 참인 전제들에서 시작하고 싶었기 때문이다. 철학 고전이나 신학 경전을 고집한 사람들조차도 그 고전과 경전에 적힌 것이 다른 주장들보다 더 참에 가깝다고 믿었기 때문에 그렇게 고집을 부렸다. 뉴턴은 거의 튼튼한 추론으로 역학 체계와 천문학 체계를 만들어냈다. 튼튼한 추론의 꿈이 절정에 이른 것은 전체 수학을 논리 법칙

위에 세우려 했던 프레게 등의 논리주의였다. 하지만 가장 튼튼한 학문이라 믿었던 수학조차도 튼튼한 추론 위에 세울 수 없었다. 논리의 진실들만으로는 수학의 공리와 공준을 만들어낼 수 없다. 물리학도 마찬가지고 다른 과학들도 마찬가지다. 현대 수학, 뉴턴 물리학, 맥스웰 물리학, 상대성이론, 양자역학 등에서 이룩한 추론은 튼튼한 추론이 아니다. 하지만 거의 튼튼한 추론이다. 다시 말해 거의 확실한 사실들이나 공리 또는 공준으로부터 다른 명제를 마땅하게 추론했다. 그렇게 추론된 명제는 확실한 참말로 밝혀진 것은 아니지만 매우 믿음직한 믿음인 것은 거의 분명하다.

0206. 갈래짓기

문장의 임자말과 풀이말은 문장의 끝에 온다. 문장의 끝에 오는 홀이름이나 두루이름을 영국말에서 "텀"^{term}이라 한다. 이는 "터미널" 곧 "끝"을 뜻한다. 우리는 이를 "용어"나 "명사"^{名辭}로 옮긴다. 이 "명사"는 '이름'을 뜻하는 "명사"^{名詞}와 한자가 다르다. 용어들을 올바로 정의^{뜻매김}하는 일은 과학의 첫걸음이다. 정의하는 방법에는 여러 가지가 있다. 즉물 정의 또는 지시 정의는 사례 하나를 보여줌으로써 개념을 정의한다. 사람은 코끼리 한 사례만으로 '코끼리' 개념을 갖곤 한다. 열거 정의는 개념에 맞는 사례 전체를 열거함으로써 개념을 정의한다. 지시 정의와 열거 정의를 모아 "외연 정의"라 한다. 내포 정의는 개념에 맞는 조건을 제시함으로써 개념을 정의한다. 차이를 드러냄으로써 개념을 정의하는 것은 내포 정의의 일종이다. 우리는 '세모'를 '세 선분의 끝이 만나 이뤄진 꼴'로 정의하고 '네모'를 '네 선분의 끝이 만나 이뤄진 꼴'로 정의한다. '꼴'이라는 모임과 그 안에서 차이를 드러냄으로써 세모와 네모를 정의한 셈이다. "재귀 정의" 또는 "되풀이 정의"라는 것도 있다. "부모는 조상이며 부모의 조상은 조상이지만 이밖에 다른 이는 조상이 아니다"는 '조상'을 되풀이 정의한 것이다. 수학자 주세페 페아

노는 되풀이 정의 방식으로 자연수를 정의했다. 타르스키는 되풀이 정의 방식으로 "참이다"를 정의하려 했다.

　한 개념을 정의할 때는 되도록 쉬운 개념으로 정의해야 한다. 쉬운 개념이란 이미 이해되었거나 이미 정의된 개념을 말한다. 다른 개념들을 정의하는 데 쓰이는 바탕 개념을 "원초 개념"이라 한다. 이를 "으뜸 개념" "뿌리 개념" "씨앗 개념" 따위로 달리 부를 수 있겠다. 으뜸 개념은 다른 개념들을 써서 정의할 수 없다. "있음" "하나" 같은 개념은 다른 개념으로 정의할 수 없을 듯하다. 로크는 우리에게 처음 주어지는 자료 곧 '단순 관념'은 정의될 수 없다고 주장했다. 철학자와 과학자는 으뜸 개념들로 다른 개념을 정의하고 이로써 사물들의 질서를 알아내려 했다. 그들은 개념을 정의하면서 정의되는 것의 본모습^{본질}을 드러내려 했다. 사물의 본모습은 그 사물이 무엇인지를 있는 그대로 알려준다. 또한 그들은 개념들의 질서가 사물들의 질서를 알려준다고 믿었다. 개념들의 질서를 만들어나가는 일을 "갈래짓기" "분류하기" "범주화"라 한다. 아리스토텔레스는 범주화가 앎을 얻는 열쇠라고 생각했다.

　알길을 다루는 아리스토텔레스의 책을 모아 "오르가논"이라 한다. 이것은 "연장" "도구" "기관"을 뜻한다. 《오르가논》은 《분석 앞》, 《분석 뒤》, 《자리》, 《소피스트처럼 논박》, 《해석》, 《범주》로 이뤄져 있다. 《분석 앞》은 반드시 논리와 마땅한 추론규칙을 다룬다. 책 이름에 쓰인 "분석"은 엉킨 것을 풀어 참말을 헤아려 나가는 과정을 뜻한다. 《분석 앞》에서 다룬 '삼단논법'은 양화 논리의 일종이다. 양화 논리는 문장을 임자말과 풀이말로 풀어서 마땅한 추론의 꼴을 찾는다. 《분석 뒤》는 튼튼한 추론을 다루며 그런 추론을 "논증" 또는 "증명"이라 했다. 이 책에 따르면 증명의 전제들은 이미 알려진 진실들 곧 자명한 진실들이어야 한다. 그 전제들은 경험에서 비롯되어야 한다는 주장도 이 책에 나와 있다. 《자리》는 덜 확실한 전제들로부터 시작하는 추론을 다루며 그런 추론을 "변증"이라 했다. 또 터무니없는 전제들에서 시작한 추론이나 마땅하지 않은 추론을 "궤변" 또는 "소피스트질"이라 했다. 이는 《소피스트처럼 논박》에서 다루었는데 이 책은 아마도 《자리》의 부록이었다.

《해석》은 추론의 전제나 결론에 쓰이는 '문장'을 다룬다. 이 책 제목을 흔히 《명제》라 하는 까닭은 여기에 있다. 물론 아리스토텔레스가 '문장'과 '명제'를 또렷이 가려 쓰지 않았다는 지적이 있다. 전제나 결론 자리에 오는 명제는 주로 "모든 S는 P다"나 "몇몇 S는 P다" 같은 꼴을 갖는다. 이런 꼴의 명제를 "정언명제"라 한다. "정언명제"에서 "정언"은 "범주"를 다르게 쓴 말이다. 범주를 다루는 책이 바로 《범주》다. "범주"는 그리스말 "카테고리아"를 옮긴 말이다. 이는 아고라 곧 공공장소에서 다른 이와 대항하여 말하는 일을 뜻한다. 이것은 다른 이를 고소 고발 기소하는 일이며 다른 것에 대해 뭐라고 말하는 것이다. 이것은 "서술" "기술"로 옮길 수 있다.《범주》는 "그것은 무엇이다"라고 할 때 "무엇"에 해당하는 것을 탐구한다. 아리스토텔레스에게 범주들이 무엇인지는 또렷하지 않다. 여러 견해가 있는데 범주는 서술어라는 견해, 대상을 서술하는 방식이라는 견해, 서술어가 나타내거나 가리키는 대상이라는 견해가 있다.

"범주"는 우리말로 "큰갈래"로 옮기면 좋겠다. 아리스토텔레스는 문장 안에 있는 짜임이 실제 세계의 짜임을 드러낸다고 믿었던 것 같다. 그가 가장 먼저 든 큰갈래는 '실체'다. 이것은 다른 주어나 주체 안에 들어 있지 않은 것이다. 그는 실체를 제1실체와 제2실체로 나누었다. 개별 사람이나 개별 동물은 제1실체고 사람과 동물은 제2실체다. "율곡이다"는 제1실체를 가리키는 술어고 "사람이다"는 제2실체를 가리키는 술어다. 다른 큰갈래로는 '질' '양' '관계'가 있다. 한 중세철학자는 '실체'와 함께 이 네 큰갈래를 "으뜸 큰갈래"라 불렀고 나머지 큰갈래 '때' '곳' '놓임' '가짐' '함' '겪음'입음을 "버금 큰갈래"라 불렀다. 플라톤에게 '사람'의 이데아는 제 홀로 떨어져 있지만 아리스토텔레스에게 제2실체 '사람'은 그렇지 않다. '질' '양' '관계'는 제1실체에서 떨어져 제 홀로 있을 수 없다. '때' '곳' '놓임' '가짐' '함' '겪음'은 더욱 그러하다.

"율곡은 사람이다" "사람은 탯줄동물이다" "탯줄동물은 배꼽을 갖는다" 같은 문장이 참말이라면 이것은 실제 세계의 모습과 갈래를 드러내고 있다. 이로부터 우리는 율곡을 만나지 않았지만 "율곡은 배꼽을 갖는다"를 알 수 있다. 아리스토텔레스는 "사람은 탯줄동물이다" "탯줄동물은 배꼽을 갖는다" 같은 진실을 찾아내는 일을 자기 연구 모임의 일거리로 삼았다. 그는 500가지 동물들을 관찰하고 갈래지었다. 그를 이은 후계자 테오프라스토스는 매우 많은 식물을 갈래지었다. 스웨덴의 칼 폰 린네는 그를 "식물학의 아버지"라 불렀다. 갈래짓는 일은 자연에 나 있는 결 골 길 무늬를 찾아 드러내는 일이다. 철학자와 과학자는 갈래짓기가 세계의 질서를 드러내는 일이라고 오랫동안 믿었다. 자연에 나 있는 본디의 갈래를 "자연종" 또는 "본디 갈래"라 한다. 분류학은 사물들을 본디 갈래에 따라 갈래짓는 과학이다. 화학에서는 물질들을 본디 갈래들로 나누는 데 큰 진척이 있었다. 생물들을 본디 갈래에 따라 갈래짓는 일은 생물학의 핵심 연구 주제였다. 린네는 1735년 《자연의 짜임》에서 '종' '속' '과' '목' '강' '문' '계'로 갈래들의 질서를 세웠고 이것은 오늘날 생물 분류학의 본이 되었다.

  자연에 본디 갈래가 있다고 믿는 이들은 본디 갈래 안의 사물들이 공유하는 모습이 있어야 한다고 주장한다. 한 갈래 안의 개별 사물들이 갖는 공통의 모습은 그 갈래의 본모습일 것이다. 종과 종을 가르는 본모습이 무엇인지는 풀리지 않는 수수께끼다. 진화과학은 이 물음을 더 어렵게 꼬이게 했다. 진화하는 주체가 유전자, 생물 개체, 개체 모임, 종 가운데 무엇인가 하는 물음이 새로 끼어들었다. 에른스트 마이어는 1942년 생물종들을 생식의 관점에서 갈래지어야 한다고 주장했다. 하지만 생식만으로는 종을 갈라놓지 못한다. 다른 종에 속하는 생물들끼리 접붙일 수 있고 같은 종에 속하는 동물들끼리 흘레하지 못할 수 있다. 진화과학은 한 생물종 안에 있는 개체들이 모두 함께 갖는 본모습이 세대와 세대를 거치며 바뀐다는 것을 받아들여야 한다. 다윈은 사람의 마음대로 생물종을 갈래지을 수 있다는 견해를 드러낸 적이 있다.

    곤충학자 빌리 헤니히는 1950년부터 진화과학에 맞는 새로운 분류학을 만들려 했다. "계통분류학"이라는 이 분류학은 개체들이 함께 갖는 본모습에 따라 생물들을 갈래짓지 않는다. 오히려 개체들이 함께 갖는 선조와 후손에 따라 생물들을 갈래짓는다. 계통분류학에 따르면 다른 행성에서 진화한 생물들과 지구의 생물들은 같은 종으로 묶일 수 없다. 생물들의 갈래는 단순히 지금의 모습에 따라 찾아지지 않는다. 생물종은 아주 긴 시간 흐름을 버티며 살아가는 존재다. 계통분류학에 따르면 생물종은 하나의 갈래라기보다 하나의 개체다. 생물종 호모 사피엔스가 하나의 개체라면 하나하나의 호모 사피엔스는 그 개체의 한 모습일까? 아무튼 철학은 개체가 무엇이고 갈래가 무엇인지 아주 오래 탐구했지만 아직 우리가 이해하지 못한 것이 많이 남았다. 자연과학은 나름의 방법으로 세계를 쪼개고 갈래짓고 개별화한다. 입자물리학은 이 일에 큰 진척을 보였으며 세계를 알갱이들의 코스모스로 그렸다. 인문사회과학도 나름의 방법으로 세계를 쪼개고 갈래짓고 개별화한다. 인문사회과학에 따르면 세계는 행위자들의 코뮌이다.

0207. 아마도 추론

한 고양이를 보았는데 다리를 절었다. 이로부터 "모든 고양이는 다리를 전다"라고 말해서는 안 된다. 그 고양이가 다리를 전 일은 어쩌다 일어난 일이다. 몇몇 고양이들에게서 나타난 이런 모습을 "우연 속성" 또는 "겉모습"이라 한다. 모든 고양이가 반드시 가져야 하는 모습이 있을 텐데 그런 모습을 "본모습" 또는 "본질 속성"이라 한다. 자연종 곧 본디 갈래가 있다고 믿는 이들은 개별 보기들을 관찰함으로써 그 개별 보기들이 함께 갖는 본모습을 찾아낼 수 있다고 믿었다. 이를 가장 굳게 믿었던 이는 아리스토텔레스다. 그는 우리 지성이 본디 갈래를 헤아릴 힘을 가졌다고 믿었다. 다시 말해 우리 지성은 개별 실체들이 갖는 본모습을 100% 확실성을 갖고 알아낼 수 있다는 것이다. 우리는 개별 고래들을 관찰함으로써 "모든 고래는 젖먹이짐승이다"를 알 수 있다. 나아가 우리는 여러 젖먹이짐승들을 관찰함으로써 "모든 젖먹이짐승은 탯줄을 갖는다"고 추론할 수 있다. 하지만 이러한 추론은 마땅하지 않다. 이것은 좋은 반드시 추론일 수 없다. 하지만 이것은 좋은 아마도 추론일 수는 있다.

"아마도 추론"을 다른 말로 "귀납" 또는 "귀납추론"이라 한다. 처음에 "귀납추론"은 개별 경험 사례들로부터 보편 명제를 이끌어내는 추론을 뜻했던 것 같다. 사람들은 개별 경험 사례들로부터 귀납하여 "모든 백조는 하얗다"와 "모든 까마귀는 까맣다"를 이끌어냈다. 오랫동안 과학자들은 이것들이 참말이라고 굳게 믿었지만 검은 백조가 우리 앞에 나타났고 흰 까마귀도 우리 앞에 나타났다. 이처럼 귀납추론은 전제들의 참이 결론의 참을 100% 보장하지 못한다. 이 때문에 아무리 귀납추론을 잘해도 마땅한 추론일 수 없다. 귀납추론은 전제들이 결론을 100% 뒷받침하기를 바라지 않는다. 귀납추론은 전제들로부터 결론이 아마도 따라 나오기를 바랄 뿐이다. 이 때문에 "아마도 추론"이라는 이름은 귀납추론에 잘 어울린다.

물론 아리스토텔레스는 백조가 하얗다는 것이 백조의 본모습이 아니라 겉모습이라고 말할 것이다. 그렇다면 탯줄을 가짐은 젖먹이짐승의 본모습일까 겉모습일까? 그는 본모습과 겉모습을 가릴 만한 기준을 찾아내지 못했다. 사물들에게 본모습이 있다면 아마도 추론은 본모습을 드러내는 좋은 길이다. 하지만 사물들이 과연 그렇게 본모습에 따라 갈래지어졌는지 알 수 없고 우리가 겪은 그 모습이 본모습인지 겉모습인지 가릴 만한 기준도 없다. 옛날 과학자들은 "젖먹이짐승은 탯줄을 갖는다"를 믿었지만 탯줄을 갖지 않은 젖먹이짐승이 찾아졌다.

마땅한 반드시 추론의 장점은 전제들의 참이 결론의 참을 보장한다는 점이다. 아마도 추론은 아무리 잘 추론해도 전제들의 참이 결론의 참을 보장하지 못한다는 단점을 지녔다. 마땅한 반드시 추론의 단점은 추론의 결론이 전제들에 담긴 정보보다 더 많은 정보를 품을 수 없다는 점이다. 하지만 아마도 추론의 결론은 전제들에 담긴 정보보다 더 많은 정보를 품을 수 있다는 장점을 갖는다. 아마도 추론으로 얻은 결론 "모든 사람은 젖먹이짐승이다"는 우리가 여태 겪었던 것들을 넘어서는 새로운 정보를 담고 있다. 이 결론은 아직 만나지 못한 사람이나 내일 태어날 아이도 젖먹이짐승이라는 점을 우리에게 알려준다. 하지만 100년이나 1000년이 지난 뒤에도 그렇게 될지는 알 수 없다. 그때 새로 생겨난 사람들 가운데는 탯줄 없는 사이보그가 있을 수 있기 때문이다.

아마도 추론들에는 여러 가지가 있다. 크게 다음과 같이 갈래지을 수 있다.

아마도 추론	일반화 또는 귀납 일반화	단순 일반화
		통계 일반화
	통계 삼단논법	
	유비추론	
	인과추론	일치법
		차이법
		일치차이병용법
		공변법
		잉여법 또는 소거법
	가설추론	가설연역법
		최선의 설명 추론

먼저 일반화 또는 귀납 일반화에는 단순 일반화와 통계 일반화가 있다. 아리스토텔레스가 즐겨 쓴 아마도 추론은 단순 일반화다. 이것은 "관찰된 개체들 각각이 속성 P를 갖는다"로부터 "그와 같은 갈래에 속하는 다른 모든 개체도 속성 P를 갖는다"를 추론한다. 통계 일반화는 단순 일반화보다 조심스럽게 추론한다. 까맣지 않은 까마귀가 나타난 다음에는 "모든 까마귀는 까맣다"를 버리고 다른 명제를 주장해야 한다. 까마귀들의 전체 집합을 우리가 모두 조사할 수는 없다. 그 가운데 일부만 조사하여 결론 내려야 한다. 한 갈래에 속하는 개체들의 전체 집합을 "모집단"이라 하고 그 모집단에서 뽑은 무리를 "표본" 또는 "샘플"이라 한다. 통계 일반화는 "그 표본 가운데 x%가 속성 P를 갖는다"로부터 "모집단의 x%도 속성 P를 갖는다"를 추론한다. 다음 추론은 통계 일반화의 보기다. "대구 시민 1,000명에게 설문조사를 했더니 그 가운데 550명이 주민당의 후보가 다음 시장으로 가장 어울린다고 생각했다. 따라서 아마도 대구 시민의 55%는 주민당의 후보가 다음 시장으로 가장 어울린다고 생각한다." 통계 일반화를 잘하려면 모집단에서 표본을 마구잡이로 뽑아야 하며 표본은 모집단의 모습을 잘 반영해야 한다. 예컨대 대구 시민의 30%가 50대라면 표본 1000명 가운데 300명 정도는 50대여야 한다.

  우리는 일반 명제로부터 개별 사물에 대한 참말을 마땅하게 이끌어낼 수 있다. 보기로 "모든 까마귀는 까

많다. 이것은 까마귀다. 따라서 이 까마귀는 까맣다"는 마땅한 추론이다. 하지만 "까마귀의 99.99%는 까맣다"로부터 우리가 보게 될 까마귀가 까맣다는 사실이 반드시 따라 나오지는 않는다. 하지만 "까마귀의 99.99%는 까맣다"로부터 우리가 볼 까마귀가 까맣다는 것을 아마도 이끌어낼 수는 있다. 이러한 추론을 "통계 삼단논법"이라 한다. 이것은 "S인 것들의 n%는 P다. a는 S다. 따라서 아마도 a는 P다" 꼴을 갖는다. 보기로 "담배를 매일 한 갑 넘게 피우는 사람의 70%는 폐암에 걸린다. 코코는 매일 담배 두 갑을 피운다. 따라서 아마도 코코는 폐암에 걸린다"는 통계 삼단논법을 쓴 것이다. 전제 "S인 것들의 n%는 P이다"에서 n이 100에 가까울수록 그 추론은 더 강하다. 반드시 추론은 마땅한 추론과 못마땅한 추론으로 칼같이 나뉜다. 하지만 아마도 추론은 매우 강한 추론에서부터 매우 약한 추론까지 부드럽게 이어져 있다.

두 사물 사이에 비슷한 점들이 있다면 우리는 둘 사이에 비슷한 점이 더 있을 것이라 기대한다. 이런 기대를 바탕으로 결론을 이끌어내는 것을 "유비추론"이라 한다. 유비추론은 임상시험에서 많이 쓰인다. "흰쥐와 사람은 젖먹이짐승이고, 잡식성이고, 인슐린이 혈당을 조절한다. 린슐인은 흰쥐의 당뇨병에 효능이 있다. 따라서 아마도 린슐인은 사람의 당뇨병에 효능이 있다." 유비추론은 대략 다음과 같은 꼴을 갖는다. "갈래 A에 속하는 개체 a가 속성 P_1, P_2, P_3 따위를 갖고, 갈래 B에 속하는 개체 b도 똑같이 속성 P_1, P_2, P_3 따위를 갖는다. 개체 a는 속성 Q를 갖는다. 따라서 아마도 개체 b도 속성 Q를 가진다." 여기서 속성 P_1, P_2, P_3과 속성 Q 사이에 인과관계가 있을 때 오직 그때만 이 유비추론은 강하다.

아리스토텔레스에 따르면 사물의 본모습을 드러내려면 그 사물을 낳게 한 원인을 드러내야 한다. 그를 따르는 연구자들은 13세기부터 일어난 일의 원인을 알아내는 길을 찾으려 했다. 그것을 알아내는 길을 "탓하기" 또는 "인과추론"이라 한다. 13세기 말 둔스 스코투스는 오늘날 "일치법"이라 부르는 것을 찾아냈다. 일치법의 절차는 다음과 같다.

- 결과가 나타나는 현상들의 목록을 만든다.
  - 그 현상들을 이루는 요소들을 서로 견주어 본다.
  - 그 현상들에서 '일치하여' 나타나는 바로 그 요소가 그 결과의 원인이라고 결론 내린다.

결과 e가 나타나는 현상의 목록이 다음과 같다고 해보자.

목록	한 현상을 이루는 요소들	결과
1	ABCDE	e
2	ACDEF	e
3	ABCEF	e
4	BCDF	e

이 모눈에서 A, B, C, D, E, F는 이들 현상을 이루는 요소

들이다. 이것들은 원인들의 후보인 셈이다. 이 현상들의 목록에서 일치하여 나타나는 것은 C다. 일치법에 따르면 결과 e의 원인은 C다.

14세기 초 오컴의 윌리엄은 "차이법"이라는 길을 찾아냈다. 차이법의 절차는 다음과 같다.

- 결과가 나타나는 현상과 그 결과가 나오지 않는 현상을 찾는다.
    - 두 현상들을 이루는 요소들을 서로 견주어 본다.
        - 두 현상에서 '차이 나는' 바로 그 요소가 그 결과의 원인이라고 결론 내린다.

결과 e가 나타나는 현상과 나타나지 않는 현상이 다음과 같다고 해보자.

목록	한 현상을 이루는 요소들	결과
1	ABCDEF	e
2	ABDEF	-

이 모눈에서 A, B, C, D, E, F는 이들 현상을 이루는 요소들이다. 이것들은 원인들의 후보다. 현상 1과 현상 2에서 차이 나는 요소는 C다. 차이법에 따르면 결과 e의 원인은 C다.

16세기 말 프랜시스 베이컨은 앎을 얻는 새로운 길이라며 탓하기를 높이 샀다. 그는 일치차이병용법, 공변법, 잉여법을 더 찾아내었다. 존 스튜어트 밀은 지금까지 나왔던 모든 탓하기를 모아 이를 1843년 《논리학 체계》에 간추렸다. 일치차이병용법은 일치법과 차이법을 함께 쓰는 방법이다. 공변법은 현상을 이루는 요소들 가운데 어느 하나를 세게 하거나 약하게 하여 결과가 어떻게 바뀌는지 살펴봄으로서 원인을 찾는 방법이다. 예컨대 아래 모눈에서 현상을 이루는 요소들 가운데 C를 세게 할 때 결과들 가운데 e가 많이 나오고 C를 약하게 할 때 e가 적게 나온다.

목록	한 현상을 이루는 요소들	결과
1	ABCD	efgh
2	ABC⁺D	e⁺fgh
3	ABC⁻D	e⁻fgh

공변법에 따르면 결과 e의 원인은 C다. 다만 현상을 이루는 요소 C의 세기를 바꾸어나갈 때 다른 요소들은 그대로 두어야 한다. 이를 오늘날 전문용어로 "변인통제"라 한다. 변인들을 부르는 여러 이름이 있다. 독립변인은 원인의 후보가 되는 A, B, C, D 따위 요소다. 종속변인은 독립변인이 바뀜에 따라 그 결과도 바뀌는 e, f, g, h 따위다. 조작변인은 C처럼 바꾸어가며 그 결과를 살피는 요소며 통제변인은 A, B, D처럼 바꾸지 않고 그대로 남겨두는 요소다.

 베이컨은 자신의 인과추론이 기존 아리스토텔레스의 《오르가논》보다 앎을 얻는 더 좋은 방법이라 생각했다. 그는 자신의 방법을 "노붐 오르가눔"이라 했다. 그는 새 알길에 따라 영국 과학을 새로 세워야 한다면서 1605년에 《학문의 진보》와 1620년에 《위대한 혁신》을 썼다. 그는 학자는 책 읽는 일보다 관찰 자료를 모으고 실험하는 일을 더 많이 해야 한다고 주장했다. 그가 죽은 뒤 20년이 지나 1645년부터 영국에서 그를 따르는 연구 모임들이 만들어졌다. 1646년 로버트 보일은 실험 탐구를 거쳐 앎을 얻는 연구 모임을 이끌었다. 1660년에 '자연 지식의 향상을 위한 런던 왕립학회'가 세워졌고 이 학회는 베이컨의 조언에 따라 관찰과 실험을 북돋웠다. 베이컨의 말을 빌리면 실험하는 이는 마치 범죄를 추궁하는 수사관처럼 자연을 심문하고 괴롭혀 앎을 끄집어내야 한다. 오늘날 여성주의 과학철학은 베이컨의 이런 생각 때문에 사람이 자연을 망치는 길로 들어서게 됐다고 비판한다. 아마도 추론만이 우리를 앎으로 이끈다는 견해를 "귀납주의"라 한다. 데이비드 흄은 철저한 귀납주의자였지만 아마도 추론으로 얻은 앎이 튼튼한 바탕 위에 세워져 있지 않다는 것을 꼼꼼하게 드러냈다.

0208. 가설

우리가 여태 관찰한 모든 까마귀가 까맣다는 사실로부터 "모든 까마귀는 까맣다"고 결론 내리는 것은 귀납 일반화다. 이 일반화로부터 얻은 문장 "모든 까마귀는 까맣다"는 아직 확실히 참은 아니다. 이 점에서 이 주장은 임시로 세운 주장이다. '임시로 세운 주장'을 한자로 "가설"이라 한다. 서양에서 이 낱말은 그리스말 "히포테시스"에서 왔다. 이를 말 그대로 뜻풀이하면 "아래에 놓음" "앞에 놓음"이지만 본디 주로 드라마에서 "설정"이나 "줄거리"를 뜻했다. 플라톤은 수학자의 방법을 "가설로부터 탐구"라고 표현했다. 여기서 그는 '가설'을 '전제'를 뜻하는 말로 쓴 것 같다. 코페르니쿠스의 《천구의 회전》 서문을 쓴 오시안더는 지구가 해 주위를 돈다는 주장을 가설로 여겼다. 그는 가설을 세우는 일은 수학자들이 늘 하던 방식이라 말했다. 그러면서 가설을 있는 그대로의 진실이라고 믿어서는 안 된다고 경고했다.

우리는 왜 가설을 세우는가? 우리는 주어진 현상을 굳이 이해하고 싶다. 이것은 사람의 본모습이고 운명이다. 주어진 현상을 이해하려는 일을 "설명"이라 한다. 이때 현상을 설명해주는 명제가 있어야 하는데 이 명제가 바로 가설이다. 내가 본 이 까마귀가 왜 검은지 설명하려고 "모든 까마귀는 본디 까맣다"라는 가설을 세운다. 또 우리는 앞으로 일어날 일을 예측하고 싶다. 이것이 우리가 삶을 살아가는 방식이다. 앞으로 내가 만날 까마귀도 검을 것이라고 예측하려고 "모든 까마귀는 본디 까맣다"라는 가설을 세운다. 우리는 가설의 눈으로 왜 우리가 그러한 현상을 겪게 되었는지 이해한다. 우리는 가설의 눈으로 앞으로 무슨 현상을 겪게 될지를 예측한다. "지구는 하루에 한 바퀴 자전하고 일년에 한 바퀴 공전한다"는 가설로 우리는 지구에서 겪는 여러 천문 현상을 설명하고 앞으로 일어날 천문 현상을 예측한다. 과학 활동은 현상을 이해하고 설명하고 예측하려고 줄곧 가설을 세워왔다.

과학자들은 관찰된 몇몇 현상들로부터 가설을 세운다. 그 가설은 관찰된 현상들의 원인을 밝혀 그 현상들을 한꺼번에 설명할 수 있어야 한다. 그 가설이 더 깊은 탐구를 준비하려고 임시로 세운 것일 때 "작업가설"이라 이름 붙인다. 우리는 그 가설을 무작정 믿어야 하는가? 그 가설은 언제 믿을 만하고 언제 믿을 만하지 않은가? 귀납 일반화 자체는 가설을 어느 정도 정당화한다. 하지만 가설을 세울 때 반드시 단순 일반화나 통계 일반화를 거쳐야 하는 것은 아니다. 한두 관찰이나 경험만으로 가설을 세우기도 한다. 가설을 세울 때는 말하자면 발견의 방법이 쓰인다. 발견법은 케플러나 케쿨레처럼 꿈의 힘을 빌릴 때도 있다. 명상할 때 또는 길에서 넘어져 머리를 부딪혔을 때 가설이 문득 떠오를 수 있다. 이렇게 발견된 가설은 전혀 정당화되지 않기에 과학 추론에서는 따로 가설의 정당화 과정을 거친다.

과학의 가설은 그것이 참인지 거짓인지 검사할 수 있어야 한다. 가설을 검사하는 두 가지 길이 있다. 하나는 가설이 참임을 보이는 '검증'이고 다른 하나는 가설이 거짓임을 보이는 '반증'이다. 빈의 논리실증주의자들은 가설을 어떻게 검증할 수 있을지 탐구했다. 칼 포퍼는 가설을 검증하려 하지 말고 가설을 반증하려 해야 한다고 주장했다. 가설의 검사에 가장 많이 쓰이는 것은 가설연역법이다. 19세기의 윌리엄 휴얼은 기존 귀납 일반화의 단점을 보완하려고 새로운 과학 방법으로 이를 내세웠다. 가설연역법의 절차는 다음과 같다.

- 먼저 현상들을 한꺼번에 설명할 수 있는 가설 H를 추측한다.
  - 가설 H로부터 실험이나 관찰로 확인할 수 있는 명제 O를 이끌어낸다.
  - 실제 실험이나 관찰로 명제 O가 참인지 거짓인지 검사한다.

첫 단계는 가설의 추측 단계인데 과학에서 "추측"은 "가설"의 다른 이름이다. 무턱대고 추측하기보다는 아직 설명하지 못한 현상을 또렷이 이해하고, 그와 관련된 경험과 관찰을 쌓으며, 기존 이론을 분석하고 비판하는 과정이 앞서 있어야 한다.

둘째 단계에서 반드시 추론 곧 연역추론이 쓰인다. 여기서 이끌어진 명제 O는 가설의 예측인 셈이다. 이 예측 명제는 경험이나 관찰 또는 측정으로 참 또는 거짓이 드러날 수 있는 명제여야 한다. 예측 명제는 가설 추측 단계에서 이미 썼던 사실이 아니어야 한다. 그 명제가 이미 썼던 사실이라면 셋째 단계의 검증은 가설 검증에 아무 도움이 되지 않는다. 마찬가지로 예측 명제가 가설 추측 단계에서 아직 쓰지 않았지만 이미 잘 알려진 사실이라면 가설 검증에 크게 도움이 되지 않을 수 있다. 예측 명제가 추측 단계에서 쓰이지 않았을 뿐만 아니라 그것이 참이라고 믿기 어려운 놀라운 명제라면 가설 검증에 큰 도움이 된다. 예컨대 아인슈타인은 일반상대성 가설로부터 강한 중력마당에서 빛이 굽는다는 명제를 예측했다. 이 예측은 믿기 어려운 놀라운 명제였다.

셋째 단계에서 만일 예측 명제 O가 참이면 가설 H는 검증된 셈이다. 하지만 논리 관점에서 볼 때 예측 명제 O가 참이라 해서 가설 H가 곧장 참이 되지는 않는다. 엄밀히 말해 가설 H는 아직 검증되지 않았다. "검증되다"는 영국말 "베러파이"^{verify}를 옮긴 말인데 '참임이 드러나다'를 뜻한다. "검증"보다 누그러진 말을 쓰면 그 경우 가설 H는 다만 '입증'되었을 뿐이다. "입증되다"는 영국말 "컨펌"^{confirm}이나 "커라버레이트"^{corroborate}를 옮긴 말이다. 쉬운 말로 하면 "괜찮다" "굳건해지다" "그럴듯해지다" "믿음직해지다" 정도로 이해하면 되겠다.

만일 예측 명제 O가 거짓임이 드러나면 가설 H도 거짓임이 드러난다. "거짓임이 드러난다"를 "반증된다"라 하는데 이로써 가설 H는 반증된다. 예측 명제 O가 거짓임이 드러났을 때 우리는 두 가지 가운데 하나를 해야 한다. 하나는 가설 H를 버리고 새로운 가설 H′를 찾는 일이다. 새로운 가설을 찾아 새로운 예측 명제 O′를 이끌어내고 이것이 참인지 거짓인지 실험이나 관찰로 확인한다. 예측 명제 O′가 거짓임이 드러나면 가설 H′도 버리고 새로운 가설을 또 찾으며 이를 거듭한다. 칼 포퍼에 따르면 과학의 역사는 이를 거듭하는 역사며 이것이 가장 빛나고 가장 올바른 과학 탐구 과정이다. 그에 따르면 과학자의 위대함은 과감하게 가설을 추측하고 틀릴 위험을 감수해서라도 그 가설을 반증하려 애쓰는 데 있다. 이것이 아메바와 아인슈타인의 차이다.

예측 명제 O가 거짓임이 드러났을 때 과학자들이 곤잘 하는 다른 길이 있다. 그것은 가설 H로부터 명제 O를 이끌어내는 과정을 꼼꼼히 살펴보며 가설 H를 살릴 길을 찾는 일이다. 토머스 쿤은 과학자들이 포퍼 식 반증의 길보다는 이 길을 더 좋아한다고 주장했다. 만일 가설이 자신이 이미 굳게 믿는 믿음들의 짜임에서 나왔다면 새로운 가설을 찾는 것보다는 자기 가설을 살리는 데 더 많이 애를 쓸 것이다. 가설 H로부터 예측 명제 O를 이끌어낼 때 여러 가정들이 쓰인다. 과학자들은 자신이 쓰는 실험 장치와 그 실험 결과가 믿을 만하다고 가정한다. 버릇처럼 무심코 받아들이는 여러 가지 현행 과학 이론도 가정한다. 주어진 관찰 자료들로부터 관찰명제를 얻을 때조차도 과학자의 평소 관점이 끼어든다.

가설 H로부터 명제 O를 이끌어내는 과정에 쓰이는 다른 가정들을 "보조 가설"이라 한다. 가설 H와 보조 가설 A_1과 A_2로부터 명제 O가 따라 나온다고 해보자. 설사 명제 O가 거짓임이 드러났다 하더라도 곧장 가설 H가 거짓이 되지는 않는다. 확실히 내릴 수 있는 판단은 가설 H와 보조 가설 A_1과 A_2 가운데 적어도 하나가 거짓이라는 사실뿐이다. 우리는 H를 버려도 되지만 A_1과 A_2 가운데 하나를 버려도 된다. 과학자들은 자기 가설을 지키려고 보조 가설들 가운데 하나를 버리기도 한다. 피에르 뒤엠은 "관찰은 이론을 결정하는 데 부족하다"는 논제를 제안했다. 이를 "이론 미결정 논제" 또는 "이론 과소결정 논제"라 한다. 이를 줄기차게 주장한 사람의 이름을 따 "뒤엠-콰인 논제"라고도 한다.

콰인은 경험이 우리 앎을 결정짓지 못한다는 점을 치밀하게 논증했다. 그에 따르면 경험 내용이 많이 담겨 있든 적게 담겨 있든 모든 명제는 다른 많은 명제들과 큰 덩어리로 얽혀 있다. 과학은 따로따로 떨어진 명제들이 아니다. 과학은 서로 떼어 놓기 어렵고 찢어놓을 수 없는 명제들의 그물이다. 과학 그물은 경험의 바다 곧 감각의 마당에 놓여 있다. 그가 1951년 논문 「경험주의의 두 독단」에서 말했듯이 과학의 주장은 경험이라는 법정에 개인 자격으로 서지 않는다. 과학의 주장들 전체가 경험의 법정에 법인 단체 자격으로 선다. 과학 이론의 어느 명제가 참이고 어느 명제가 거짓인지 말하기 어렵다. 전체로서 과학은 무엇이 참인지 거짓인지 모르지만 그나마 믿을 만한 믿음들의 그물이다. 그에 따르면 과학은 옛날 사람이 그럴듯하게 꾸며놓은 신화와 비슷하다. 한갓 신화에 그치지 않으려면 과학은 두 정책을 따라야 한다. 하나는 실용주의다. 우리 삶에 도움을 주는 이론들을 받아들인다. 다른 하나는 물리주의다. 과학은 물질 현상과 자연 현상을 넘어선 것들을 받아들여서는 안 된다.

콰인은 과학자들이 가설을 세울 때 골라야 할 가설을 추천한 셈이다. 그것은 실용주의와 물리주의의 옷을 입은 가설이다. 그는 그런 가설을 제일 좋아하고 마음에 들어 한다. 오컴의 윌리엄을 따르는 과학자는 간단하거나 우아한 설명을 가장 마음에 들어 할 것이다. 현상을 가장 잘 설명하는 가설이 가장 그럴듯하다는 추론을 "최선의 설명에 따른 추론"이라 한다. 이를 연역과 귀납과 구별하여 "가추" 또는 "가설추론"이라고도 한다. 여러 가설이 다툴 때 과학자는 가장 좋은 설명을 찾아야 한다. 좋은 설명의 기준은 무엇일까? 실용주의와 물리주의는 그 기준이 될까?

지구의 조수 현상을 설명하는 가설을 찾는다고 생

각해 보자. "지구와 달 사이에 유동체가 있고 그 유동체가 지구를 누른다"는 가설은 지구의 조수 현상을 설명할 수 있다. 이것은 데카르트가 가져온 가설이다. "지구가 등속도로 자전하지 않아 지구 전체가 흔들거린다"는 가설도 그 현상을 설명할 수 있다. 이것은 갈릴레오가 가져온 가설이다. "지구의 물과 달 사이에 중력이나 자기력 같은 인력이 작용한다"는 가설도 지구의 조수 현상을 설명할 수 있다. 이것은 뉴턴이 떠올린 가설이다. 신비주의를 멀리하고 접촉과 충돌만으로 현상을 설명하려는 이들은 뉴턴의 가설을 가장 싫어할 것이다. 무슨 가설이 좋은 가설이냐 무슨 가설이 현상을 가장 잘 설명하느냐 하는 물음은 그 가설을 판가름하는 사람의 마음에 달려 있다. 다만 그의 마음이 믿음직한 믿음들로 잘 짜여 있다면 그의 마음에 드는 가설이 가장 좋은 설명이고 현상을 가장 잘 설명한다고 말해도 좋다.

0209. 믿음직함

생각, 말, 앎을 나타내려고 우리는 글을 쓰고 목소리를 낸다. '기재'나 '씀'은 돌 쇠 나무 종이 따위에 무늬를 새겨 생각을 나타내는 일이다. '발화'나 '말함'은 공기에 소릿결을 일으켜 생각을 나타내는 일이다. 우리 생각을 나타내려면 문장을 쓰고 문장을 말해야 한다. '문장을 씀'과 '문장을 말함'은 자연 안에 일어나는 사건이며 현상이다. 반면 쓰이고 말해진 문장에 담긴 것은 물리 시간과 공간에 일어나는 현상이 아니다. 우리는 문장에 "참이다"나 "거짓이다"를 붙임으로써 문장에 뜻을 주고 이렇게 참인 명제들을 모아나간다. 이것이 우리 앎의 역사며 과학의 역사다. 하지만 온갖 앎길을 다 써도 무엇이 확실히 참인지 무엇이 확실히 거짓인지 가리기 쉽지 않았다. 특히 추론은 전제와 결론 사이의 반드시 관계나 아마도 관계를 알려줄 뿐 전제의 참을 드러내지 못하며 이 때문에 결론의 참도 드러내지 못한다.

　반드시 추론은 전제들에 담긴 정보보다 더 많은 정보를 우리에게 알려줄 수 없다. 세계를 더 잘 이해하고 더 많이 알려면 아마도 추론을 해야 한다. 하지만 아마도 추론은 설사 전제들이 모두 참이라 하더라도 결론의 참을 뒷받침하지 못한다. 다만 아마도 추론은 결론의 믿음직함을 높일 수는 있다. 만일 우리가 더 나은 과학을 얻으려고 아마도 추론의 도움을 받아야 한다면, 우리는 과학의 목표를 더 많은 참인 명제들을 얻는 데 두지 말아야 한다. 오히려 더 믿음직한 믿음들을 얻는 데 두어야 한다. 믿음은 무엇이며 믿음의 믿음직함은 무엇인가? 우리가 아마도 추론을 과학 탐구에 잘 쓰려면 믿음직함을 또렷이 이해해야 한다.

　　믿음은 명제 또는 문장에 대한 태도다. 믿음은 명제를 참이라고 여기는 마음가짐이다. "나는 명제 X를 믿는다"는 "나는 명제 X를 참인 명제로 여긴다"를 짧게 쓴 말이다. 마음 상태로서 믿음은 참인 명제와 거짓인 명제를 가리기 어려운 우리 마음의 상태를 나타낸다. 말할 것도 없이 앎은 믿음을 훨씬 넘어선다. 앎은 '까닭을 갖고 믿는 참인 명제' '헤아려 믿는 참인 명제'로 흔히들 정의된다. 인식론은 "헤아려 믿는"이나 "까닭을 갖고 믿는"을 또렷이 이해하려고 오랫동안 성찰하고 탐구했다. "헤아려 믿는"이나 "까닭을 갖고 믿는"을 짧게 "정당화된"이라 한다. 아무튼 "나는 명제 X를 안다"라고 말하려면 명제 X를 믿는 것 말고 그 명제 X가 참임이 드러나야 한다. 하지만 추론은 명제 X가 참임을 드러낼 수 없다.

　　인문사회과학은 믿음들의 짜임이지만 자연과학은 앎들의 짜임이라고 생각하는 이들이 많다. 자연과학의 역사를 잘 몰라서 그들은 그렇게 생각했을 것이다. 자연과학의 역사는 참이라고 여겨졌던 명제가 차츰 거짓으로 드러나는 일들로 가득 차 있다. 완벽한 과학을 아직 갖지 못했다면 우리가 안다고 생각하는 많은 것들은 사실상 헤아려 믿은 믿음들일 뿐이다. 고대부터 현대까지 대부분의 철학 이론은 믿음을 떠나 언젠가 앎에 이르는 것을 목표로 삼았다. 그 앎은 결코 의심할 수 없고 확실한 참말이어야 했다. 믿음은 아무나 아무렇게 가질 수 있지만 앎은 훈련받고 교육받은 다음 오랜 성찰과 탐구 끝에 이를 수 있다고 생각들 했다.

하지만 우리는 믿음을 아무렇게나 믿지 않는다. 헤아려 가며 어떤 것은 믿고 어떤 것은 믿지 않는다. 앎을 사랑하고 앎에 이르는 활동은 진행 과정에 있고 아마 영원히 끝나지 않을 것이다. 이 점에서 지금의 과학과 철학은 올바르게 믿는 활동이다. 과학에는 이미 참말이라는 점이 거의 확실히 드러난 명제들이 많지만 아직은 불확실한 명제들도 여전히 많다. 믿음과 믿는 일은 조롱거리가 되어서는 안 되고 과학과 아예 무관하다고 생각해서도 안 된다.

헤아려 믿으려면 매우 미더운 명제, 덜 미더운 명제, 거의 미덥지 못한 명제를 잘 가려야 한다. 이를 가늠하는 척도를 "확률" 또는 "믿음직함"이라 한다. 수학자나 통계학자는 "사건의 확률"이라는 표현을 즐겨 쓴다. 그들은 확률이 사건의 속성을 가늠하는 척도인 양 말한다. 하지만 사건과 명제는 서로 다른 품목이다. 개별 사건은 그만의 독특한 개별 존재다. 김원봉이 그만의 독특한 개별 존

재인 것처럼 그가 1919년 11월 9일 길림성에서 의열단을 만든 사건도 이것만의 독특한 개별 존재다. 하지만 이 사건은 "김원봉은 1919년 11월 9일 길림성에서 의열단을 만들었다"라는 명제와 다르다. 물체가 특정 시간 특정 장소를 차지하다가 없어지듯이 사건도 특정 시간 특정 장소에서 일어났다가 사라진다. 하지만 명제는 그렇지 않다. 명제는 시간과 공간을 차지하지도 그때 그곳에서 일어난 것도 아니다. 한 개별 사건과 다른 개별 사건은 인과관계를 맺을 수 있다. 하지만 두 사건은 논리 관계를 맺을 수 없다. 반면 명제 "경은은 산책했다"와 명제 "경은은 어제 강에서 즐겁게 산책했다"는 논리 관계를 맺는다.

  사건이 '확률'이라는 속성을 갖는다는 견해가 실제로 있다. 칼 포퍼는 이 비슷한 견해를 가졌다. 하지만 내 생각에 이 견해는 받아들이기 매우 어렵다. "사건 e의 확률"은 사실상 "사건 e가 일어날 확률"이며 이것은 "'사건 e가 일어난다'가 참일 확률"이다. 내 생각에 확률이 매겨지는 항목은 사건 그 자체가 아니라 "사건 e가 일어난다"와 같은 명제다. "명제 X가 참일 확률"처럼 '확률'을 명제에 적용할 때 자연스럽게 쓰는 말이 "믿음직함"이다. "명제 X가 참일 확률"은 "명제 X를 참이라고 여기는 믿음의 크기"로 이해하는 것이 가장 바람직하다. "명제 X를 참이라고 여기는 믿음의 크기"는 "명제 X를 믿는 믿음의 크기"나 "명제 X의 믿음직함"으로 바꿔 쓸 수 있다. 다른 학자들이 "명제 X가 참일 확률" 또는 "명제 X의 확률"이라 쓰는 것을 나는 "명제 X의 믿음직함"이라 쓰겠다. 이는 '확률'을 '믿음직함'으로 이해하는 것과 같다.

"확률"은 한자로 뜻풀이하면 '확신하는 정도'나 '확실한 정도'다. "확률"에 해당하는 서양 낱말은 라틴말 "프로바레"에서 왔다. 이는 '검사하다' '가늠하다' '증명하다'를 뜻한다. 인도유럽 할머니말에서 이 낱말은 '앞에 세워놓고 그것이 좋다거나 옳다고 가늠하다'를 뜻했던 것 같다. 라틴말 "프로바빌리스"는 '괜찮은' '믿을 만한' '믿음직한' '높이 살 만한'을 뜻한다. "확률"을 한자로 뜻풀이하든 라틴말 말뿌리를 보든 이 낱말은 "믿음직함"으로 옮길 만하다. 요즘 철학자들은 '확률'을 '객관 확률'과 '주관 확률'로 나누기도 한다. 이것은 오해를 줄 수 있다. 내 생각에 '믿음직함'은 인식 주체가 갖는다는 점에서 '주체의 믿음직함'이지만 아무렇게 매길 수 없고 상호주관성과 객관성을 갖는다는 점에서 '객관의 믿음직함'이다. 이는 명제와 비슷하다. 명제 "1보다 크고 2보다 작은 자연수는 없다"는 인식 주체가 갖는다는 점에서 '주체의 명제'지만 객관성을 갖는다는 점에서 '객관의 명제'다.

물론 물체나 물리 세계 안에 진정한 우연이 있을 수 있다. 만일 자연에 진정한 우연이 있다면 그 우연이 얼마큼 자주 또는 드물게 일어나는지를 가늠하는 척도가 있어야 한다. 이 척도는 '객체의 확률'이어야 한다. 하지만 이를 "객체의 믿음직함"이라 부르는 것은 옳지 않다. '객체의 확률'을 영국말로 흔히들 "챈스"^{chance}라 한다. 이 낱말은 본디 '어쩌다 일어남'을 뜻한다. 나는 이를 토박이 말로 "일어남직함"으로 옮긴다. 우리가 일상에서 쓰는 확률은 '진정한 우연'을 다룬다기보다 '정보의 부족'을 다룬다. 던진 동전이 앞면 또는 뒷면이 나오는 일은 진정한 우연이 아니다. 우리는 다만 동전이 앞면이 나올지 뒷면이 나올지 모르기 때문에 확률을 이야기할 뿐이다. 이 경우 확률은 일어남직함이 아니라 믿음직함이다. 믿음직함은 사건에 매기는 값이 아니라 명제에 매기는 값이다. 베이즈주의자는 모든 명제에 믿음직함을 매길 수 있다고 주장한다. 이를 믿음직함은 주관에 따라 아무렇게나 매겨진다는 견해로 이해해서는 안 된다. 오히려 믿음직함은 사건의 속성이 아니라는 견해로 이해해야 한다.

 명제를 믿는 주체는 이성에 따라 그 명제의 믿음직함을 셈한다. 아예 믿기지 않는 명제에 가장 낮은 믿음직함을 주고 참이라는 것이 이미 알려진 명제에 가장 높은 믿음직함을 준다. 우리가 '믿음', '참', '앎'의 개념을 제대로 이해했다면 이미 알려진 명제에 가장 높은 믿음직함을 주어야 한다. 우리가 제대로 헤아리고 올바르게 마음 쓴다면 그렇게 하지 않을 수가 없다. 하지만 가장 낮은 값과 가장 높은 값을 무엇으로 할지는 순전히 우리의 약속이다. 가장 낮은 값을 0으로 잡고 가장 높은 값을 1로 잡는 것이 거의 굳혀진 규약이다. 이 값을 다르게 한다고 해서 달라질 것은 없다. 우리도 이 약속에 따라 이를 첫째 공리로 삼겠다. 우리는 믿음직함의 공리들을 다음과 같이 세운다. 이를 "공리 C"라고 하겠다.

> 공리 C. 믿음직함의 공리
> C1. 명제의 믿음직함은 0과 1 사이 값이다.
> C2. 이미 알려진 명제의 믿음직함은 1이다.
> C3. 두 명제가 뜻이 같다면 두 명제의 믿음직함은 같다.
> C4. 두 명제 X와 Y가 한꺼번에 참일 수 없다면 'X 이거나 Y'의 믿음직함은 X의 믿음직함과 Y의 믿음직함을 더한 값과 같다.

몇몇 학자들은 이들 공리를 "콜모고로프 공리"라 한다. 명제 X의 믿음직함을 짧게 C(X)라 쓰겠다. 이들 공리를 써서 몇 가지 정리를 이끌어낼 수 있다. 믿음직함의 첫째 정리는 "C(X는 거짓이다) = 1 − C(X)"다. 공리들과 첫째 정리를 써서 "거짓이라는 것이 알려진 명제의 믿음직함은 0이다"라는 둘째 정리를 얻는다. 두 개의 정리를 더 이끌어낼 수 있다. "명제 X로부터 명제 Y가 따라 나온다는 것을 안다면, C(Y)는 C(X)보다 크거나 같다"는 셋째 정리다. "C(X이거나 Y) = C(X) + C(Y) - C(X이고 Y)"는 넷째 정리다.

다른 것은 아직 모른 채 명제 Y만 새로 알게 되었을 때 명제 X의 믿음직함은 달라질 수 있다. '다른 것은 아직 모른 채 명제 Y만 새로 알게 되었을 때 명제 X의 믿음

직함'을 C(X|Y)라 쓴다. 토머스 베이즈는 1763년 이 믿음직함이 C(X이고 Y)/C(Y)와 같을 것이라고 주장했다. 이 주장을 밝혀 보일 길이 없기에 이를 "베이즈 공리"라 부르면 좋겠고 이를 다섯째 공리로 삼겠다.

  C5. C(X|Y) = C(X이고 Y)/C(Y)

베이즈주의는 모든 명제의 믿음직함이 이 다섯 개 공리를 따른다고 믿는다. 베이즈 공리를 써서 더 많은 정리를 이끌어낼 수 있다. 그 가운데 하나는 다음이다. 명제 'A이고 B'는 거짓이지만 'A이거나 B'는 참이라면, C(X) = C(X|A)C(A) + C(X|B)C(B).

  베이즈 공리는 아마도 추론을 가늠하는 좋은 도구다. 우리는 이 공리를 써서 한 추론이 얼마나 강한지 얼마나 약한지를 가늠할 수 있다. 왜냐하면 베이즈 공리는 주어진 전제가 결론을 얼마큼 뒷받침하는지를 재기 때문이다. 가설이 참임을 드러내는 검증과 가설이 거짓임을 드러내는 반증 사이에 입증과 반입증의 여러 정도가 있다. 베이즈주의는 주어진 정보가 가설을 얼마큼 입증하는지 또는 얼마큼 반입증하는지를 숫자로 가늠한다. 정보 E를 얻기 전에 가설 H의 믿음직함은 C(H)지만 우리가 새로운 정보 E를 알게 된 다음에 가설 H의 믿음직함은 C(H|E) = C(H이고 E)/C(E)다. 여기서 C(E)는 정보 E를 얻기 전에 이 정보가 참이리라는 믿음직함이다.

우리는 가설의 처음 믿음직함 C(H)와 증거가 주어진 다음 가설의 믿음직함 C(H|E)를 견주어 봄으로써 가설의 입증 여부를 판가름할 수 있다.

- 만일 C(H|E) > C(H)이면, E는 H를 입증한다.
- 만일 C(H|E) = C(H)이면, E는 H와 무관하다.
- 만일 C(H|E) < C(H)이면, E는 H를 반입증한다.

한편 C(H이고 E) = C(E|H)C(H)이기에 C(H|E)는 C(E|H)C(H)/C(E)로 바꿀 수 있다.

나는 이 장에서 반드시 추론과 아마도 추론을 간추렸다. 추론은 인문과학, 사회과학, 자연과학 모두에서 공통으로 쓸 수 있는 과학 방법이다. 자연과학에 속하는 수학과 통계학은 추론으로 가득 차 있다. 이 과학들은 추론의 과학이라 할 만큼 추론의 도구들을 많이 다룬다. 인문사회과학에서도 때때로 수학이나 통계학의 이론을 쓴다. 인문사회과학이 그 이론을 쓰는 까닭은 그 이론이 단지 추론을 도와주기 때문이다. 믿음직함을 매기는 일은 자연과학 활동이 아니라 추론 활동이다. 명제에 수를 매긴다는 까닭에서 믿음직함을 자연과학의 주제라고 착각해서는 안 된다. 믿음직함은 자연과학뿐만 아니라 인문사회과학에서도 쓸 수 있다. 믿음과 믿음직함을 연구하는 학문은 인식 주체가 갖는 믿음을 다룬다는 점에서 자연과학보다는 오히려 인문과학에 더 가깝다.

03.

측정

나는 과학 방법을 크게 추론, 측정, 해석으로 나누었다. 추론은 모든 과학이 함께 쓰는 방법으로서 지난 장에서 다루었다. 다음 장에서는 해석을 다룰 텐데 인문사회과학의 고유방법이다. 이 장에서는 자연과학의 고유방법인 측정을 다룬다. 고유방법이란 오직 해당 과학에서만 쓰는 방법을 뜻하지 않는다. 다만 해당 과학의 본모습을 결정짓는 방법을 뜻한다. 만일 한 과학의 주요 내용이 측정의 방법으로 채워진다면 그 과학은 자연과학으로 불려야 한다.

0301. 물리량

추론은 과학 방법들 가운데 하나다. 자연과학뿐만 아니라 인문과학과 사회과학에서도 추론을 쓴다. 이들 과학이 쓰는 추론은 모두 같다. 추론의 차이가 과학들을 갈래 짓지 않는다. 그렇다면 무엇이 과학들을 여러 갈래로 가르는가? 처음 드는 생각은 추론의 전제를 얻는 방법에서 다를 것 같다는 생각이다. 귀납 일반화를 할 때든 가설을 대담하게 추측할 때든 과학은 주로 경험에 바탕을 둔다. 경험은 쉽게 말해 우리 몸으로 느끼는 것이다. 도구나 장치 같은 매개물을 쓴다고 해도 마지막에는 눈으로 보거나 귀로 들어야 한다. 자연과학에서 이 경험은 주로 관찰이나 실험을 뜻한다.

하지만 자연과학만이 관찰이나 실험을 바탕으로 전제와 가설을 세우는 것은 아니다. 인문과학과 사회과학도 관찰과 실험을 거쳐 가설을 추측한다. 다만 인문사회과학의 관찰이나 실험이 자연과학의 관찰 이나 실험과 다를 뿐이다. 이 다름을 가장 잘 나타내는 말은 "측정"과 "해석"이다. 자연과학의 관찰과 실험은 가장 밑바닥에 측정을 두어야 한다. 인문사회과학의 관찰과 실험은 가장 밑바닥에 해석을 두어야 한다. 이 책에서 나의 목표는 추론, 측정, 해석을 저마다 다른 과학 방법들로 또렷이 가르고 이들이 어떻게 서로 도와 과학 이론을 엮는지 드러내는 것이다.

해석은 전체 세계의 지향 측면을 드러내는 과정이다. 우리가 "마음" "의미" "뜻" 따위로 부르는 것은 전체 세계의 지향 측면이다. 이 때문에 "마음" 또는 "정신세계"를 다른 말로 "지향계"나 "의미계"라 해도 될 것 같다. 더 좋은 말로는 "코뮌"이 있다. 인문사회과학자는 행위자들이 드러내는 행위들을 경험하고 이 경험을 해석한다. 이 해석을 바탕으로 가설을 추측하고 이로써 사람과 사회의 지향 현상을 설명하고 예측한다. 측정으로는 행위자와 사회의 지향 현상을 기술할 수 없으며 더구나 그것을 설명할 수도 예측할 수도 없다. 당연히 행위자와 사회의 물리 현상을 기술하고 설명 및 예측하는 데는 자연과학을 써야 한다. 해석이 측정과 어떻게 다른지 또렷이 이해해야만 자연과학과 인문사회과학의 차이를 또렷이 이해할 수 있다. 해석이 측정과 어떻게 다른지 이해하기에 앞서 측정 자체를 먼저 이해하는 것이 좋겠다.

측정은 전체 세계의 물리 측면을 드러내는 과정이다. 우리가 "자연"이라 부르는 것은 전체 세계의 물리 측면을 말한다. 자연을 다른 말로 "물리계"라 하는데 여기서 '계'는 '체계'를 뜻하지 않고 '세계'를 뜻한다. "물리계"보다 더 좋은 말은 "코스모스"다. 물리계 곧 자연은 세계 전체가 아니라 다만 전체 세계의 물리 측면일 뿐이다. 따라서 측정은 전체 세계에서 물리 측면만을 따로 뽑아내는 과정이다. 전체 세계의 물리 측면을 기술하는 용어를 "물리 술어" "물리 어휘" "물리량"이라 한다. 이 정의에 따르면 측정은 물리량을 얻는 과정이다. 물리량은 물리학에서 쓰는 술어만을 가리키지 않는다. 세계의 자연 측면을 기술하려고 쓰는 화학 술어, 생물 술어도 물리량으로 여길 수 있다.

사람들은 마음을 갖고 말할 때부터 "언제"와 "어디서"를 물었다. '언제' 물음에 답하려고 사람들은 시계와 달력을 만들었고 '어디서' 물음에 답하려고 자와 지도를 만들었다. 시간이 무엇이며 길이가 무엇이냐는 물음은 몹시도 풀기 어렵다. 이 물음에 가장 쉽게 답하는 길이 있다. 그것은 "시간은 시계로 잰 것이다"와 "길이는 자로 잰 것이다"라고 답하는 것이다. 이와 비슷하게 "질량은 양팔저울로 잰 것이다"라는 식으로 질량을 뜻매김^{정의}할 수 있다. 도구를 써서 다른 사물들과 견주어 보는 방식으로 물리량을 뜻매김한 셈이다. 자연을 이해하는 데 쓰이는 개념을 이와 같은 방식으로 뜻매김하는 것을 "조작 정의"라 한다. 1927년 물리학자 퍼지 브리지먼은 상대성 이론에서 물리 개념들을 어떻게 뜻매김하는지 잘 살펴보았다. 그런 뒤 조작 정의 방식으로 개념을 뜻매김한다면 그 개념들을 헷갈리지 않을 수 있다고 주장했다.

하지만 사물의 속성을 재는 다른 여러 방법이 있기에 조작 정의를 한다 해도 여러 헷갈리는 개념들이 나온다. 우리는 두 물체에 똑같은 힘을 준 뒤 더 작은 가속도가 생기는 쪽에 더 큰 질량을 줌으로써 '관성질량'을 뜻매김한다. 또 우리는 양팔저울의 두 팔에 물체를 하나씩 올려놓고 기운 쪽 물체에 더 큰 질량을 줌으로써 '중력질량'을 뜻매김한다. 아인슈타인은 두 질량 개념이 달라야 할 까닭이 없다고 생각했다. 그는 다른 방식으로 조작 정의된 두 질량 개념이 물리학의 차이를 낳지 않는다는 원리를 바탕으로 일반상대성이론을 찾아냈다. 여러 가지 방식으로 조작해도 질량 값이 같다는 사실은 조작 방식에 아랑곳하지 않는 한결같은 모습이 자연 안에 있음을 말해준다.

사물의 모습을 한자로 "속성" 또는 "성질"이라 한다. 속성이나 성질은 크게 양과 질로 나눌 수 있다. '양'을 뜻하는 영국말 "콴터티"^{quantity}는 인도유럽 할머니말에서 '얼마나 많이'를 뜻하는 말로부터 왔다. '양'은 셀 수 있어 숫자로 나타낼 수 있는 모습이다. 양은 셀 수 있는 모습이기에 나는 "양"을 토박이말로 "센모습"이라 옮긴다. 한편 우리 몸의 느낌을 "감각질"이라 하는데 여기에 낱말 "질"이 쓰였다. '질'은 셀 수 없거나 다른 것과 견줄 수 없어 숫자로 나타낼 수 없는 몸의 느낌이다. 질은 느낄 수 있는 모습이기에 나는 "질"을 토박이말로 "느낀모습"으로 옮긴다. 센모습이든 느낀모습이든 이것들은 사물들을 갈래짓는 도우미다. 사물이 이런저런 모습을 갖는다는 말은 그 사물이 다른 사물들과 다르다는 말이다. 우리가 "질"로 옮기는 영국말 "콸러티"^{quality}는 라틴말 "콸리스"에서 왔다. 이는 "그것은 어느 갈래에 들어가지?"라고 물을 때 쓰이는 "어느 갈래"를 뜻한다. 인도유럽 할머니 말에서 "퀴", "퀘", "퀴스"는 '누구', '무엇', '어느'를 뜻한다. 오늘날 인문사회과학에서는 일반화할 수 없거나 보편화할 수 없는 개별 속성을 "질"이라 한다. 또는 많은 사례를 탐구하지 않는 대신에 개별 사례를 깊게 파고들어 탐구하는 일을 일컬을 때 낱말 "질"을 쓴다.

측정 또는 잼은 자, 시계, 저울, 온도계와 같은 측정장치를 써서 사물의 물리 측면을 읽어낸다. 측정은 사물의 물리 측면을 숫자로 나타낸다. 자연과학이 다른 과학들에 견주어 더 빨리 자라나게 된 것은 측정장치를 써서 사물의 속성을 숫자로 나타낼 수 있었기 때문이다. 사물의 속성을 숫자로 나타내는 과정을 "수량화" 또는 "양화"라 한다. 측정이란 측정장치의 도움으로 사물의 속성을 양화하는 과정이다. 하지만 모든 수량화가 곧 측정은 아니다. 예컨대 믿음에 믿음직함을 주는 일은 수량화지만 그 과정은 측정이 아니다. 바람의 크기를 숫자로 나타내는 일도 측정이 아니다. 그 일은 오히려 해석하는 일이다.

그런데 측정이 현상을 있는 그대로 살펴보는 관찰인지 현상을 억지로 일으키는 실험인지 다툼의 여지가 있다. 측정은 되도록 사물과 현상을 뒤흔들지 말아야 하겠지만 측정 과정은 우리가 보기를 바라는 현상을 자연으로부터 끄집어내는 과정이기도 하다. 양팔저울의 두 팔에 물체를 하나씩 올려놓고 저울이 어느 쪽으로 기우는지 살펴보는 일은 있는 그대로의 현상을 관찰하는 일을 넘어선다. 이 때문에 측정을 실험의 일종으로 보고 "측정 실험" 같은 어중간한 표현을 쓰기도 한다. 이 사정은 관찰도 비슷한데 "관찰 실험" 같은 말도 있다. 자연과학의 본모습을 경험이나 관찰 또는 감각에서 찾는 이들은 아직 과학 방법의 본모습을 충분히 성찰하지 않았다. 자연과학의 본모습을 실험에서 찾는 이들도 마찬가지다. 자연과학을 튼튼히 세운 것은 관찰이나 실험이 아니라 측정이다. 측정은 자연과학의 바탕이자 뿌리다.

측정이 그냥 경험, 관찰, 실험과 다른 점은 무엇인가? 한 과정을 측정이게 하는 조건은 그것을 거쳐 세계의 물리 측면이 수량화되어야 한다는 점이다. 낱말 "감각질"의 쓰임새에 비추어 볼 때 몸으로 겪는 과정은 느낀모습^{질}을 몸에 남기는 과정이다. 경험, 관찰, 감각 과정을 거쳐 우리에게 드러나는 것은 오히려 사물의 느낀모습이다. 측정이 다른 경험, 관찰, 감각과 다른 점은 측정이 느낀모습을 센모습^{양}으로 바꾸는 과정이라는 점이다. 자연과학과 다른 과학의 차이는 경험 곧 '몸으로 느낌'에 있지 않다. 사물의 자연과학은 사물의 센모습들을 드러냄으로써 그 사물을 이해하는 데 있다. 물론 우리 감각 기관들도 어느 정도 센모습을 재는 데 쓰인다. 이 점에서 관찰과 감각도 비록 어렴풋하고 헷갈리지만 측정의 일종으로 여길 수 있다.

앨프리드 크로스비 같은 역사학자의 연구에 따르

면 유럽 사회 곳곳에서 수량화가 벌어진 때는 1275년에서 1325년 사이다. 이 일은 인구가 빠르게 늘어나고 경제 규모가 커진 것과 무관하지 않다. 1300년 전후의 수량화 혁명은 르네상스와 과학혁명을 낳은 씨앗이었다. 1270년 유럽에 기계시계가 나타나 이곳저곳에 세워졌다. 아리스토텔레스는 속도나 가속도를 느낀모습으로 여겼지만 14세기의 니콜라스 오렘은 속도와 가속도를 기하학 그림으로 나타내었다. 이것은 이른바 "그래프"의 거의 첫 모습이다. 사물의 느낀모습을 볼 수 있는 그림으로 나타낼 수 있다면 그것은 숫자로도 나타낼 수 있다. 갈릴레이는 1638년 무렵 낙하운동을 수식으로 나타내는 데 성공했다. 이윽고 데카르트는 물질로 이뤄진 물체를 공간의 좌표계 안에 퍼져 있는 것으로 그렸다. 그에 따르면 물체를 그렇게 그릴 때만이 물체를 제대로 이해할 수 있다. 나아가 그는 물체를 오직 그와 같이 그려야 한다는 자신의 깨달음을 물체의 과학 곧 자연과학의 원리로 여겼다. 수량화할 수 없다는 것은 자연과학의 대상이 아예 될 수 없다는 말이다. 데카르트의 이 원리는 나중에 뉴턴 과학의 "수학 원리"를 낳는 출발점이 되었다. 물론 데카르트의 수학 원리는 모든 사물에 적용되는 것이 아니라 오직 물체에만 적용된다.

    자연과학자들은 길이, 시간, 질량, 온도, 열 따위를 아직 정확히 이해하지 못한 채 측정장치를 만들었다. 느낀모습으로 여겨졌던 속성조차도 이들 측정장치를 써서 센모습으로 바꾸어나갔다. 느낀모습으로 여겨졌던 따뜻함과 차가움을 온도계를 써서 숫자로 나타내었다. 예전에는 색깔을 느낀모습으로 여겼지만 오늘날은 이를 파장이나 진동수 같은 센모습으로 바꾸어 이해한다. 온도계를 처음 만들 때 온도 개념을 잘 몰랐지만 온도계를 줄곧 씀으로써 온도를 더 잘 이해하게 되었다. 또 이 이해를 바탕으로 더 좋은 온도계를 만들었다.

온도계를 만드는 과정에서 온도, 압력, 부피의 관계를 더 잘 알게 되었다. 또 열이 일로 바뀌고 일이 열로 바뀔 수 있다는 사실을 알았고 오직 열의 일부만이 일로 바뀔 수 있다는 사실도 알았다. 이 사실을 안 뒤에 '일로 바뀔 수 없는 열의 정도' 곧 '엔트로피' 개념을 얻게 되었다. 엔트로피를 또렷이 이해한 뒤에 비로소 온도를 뜻매김할 수 있었다. 이윽고 자연과학자들은 열을 '움직이는 알갱이들의 평균 운동에너지'로 이해했다. 그동안 그들은 온도계를 더 정밀하게 만들어 거듭하여 실험하고 관찰했다. 측정장치를 만드는 일은 곧 물체들의 상호작용을 더 깊게 이해하는 길이었다. 물체와 물체의 관계 또 물리량과 물리량의 관계를 더 잘 알게 됨으로써 더 좋은 측정장치를 만들었다. 더 좋은 자, 더 좋은 시계, 더 좋은 저울, 더 좋은 온도계가 세계의 물리 측면을 더 잘 더듬었다. 더 좋은 이런 장치들 덕분에 더욱 좋은 과학 이론이 나왔다.

0302. 자연

낱말 "자연" "피시스" "네이쳐"nature는 아주 길고 깊은 역사를 갖고 있다. 자연과학의 본모습을 이야기하기에 앞서 이 역사를 잠깐 살펴보고자 한다. 세계 곳곳에서 과학의 전통을 연 사람들이 있었다. 그 가운데 대부분은 잊혔고 남은 대부분은 오늘날까지 전통을 잇지 못했다. 오늘날까지 이어진 과학 전통을 처음 연 사람은 아마도 그리스의 '피시올로고스' 또는 '피시올로고이'일 것이다. "피시올로고이"는 그리스말로 '자연을 말하는 이' 곧 '자연학자'다. 이들은 앎의 대상을 '자연'으로 좁히고 자연을 말하고 생각하는 방법을 제안했다. 첫 자연학자는 터키 서해안의 밀레토스 지역에서 BCE624년에 태어난 탈레스다. 탈레스와 그의 제자들은 주로 이곳에서 자라고 배우며 자연을 이야기했다. 이 때문에 그리스의 처음 피시올로고이를 "밀레토스학파"라 한다.

BCE6세기 무렵 노자나 그 제자가 쓴 것으로 알려진 《도덕경》에는 "하늘과 땅은 스스로 그러하다"라는 말이 나온다. 여기서 "스스로 그러하다"가 한자 낱말로 "자연"이다. "자연"에 해당하는 영국말 낱말은 "네이쳐"다. "네이쳐"는 '자연 세계'를 뜻하기도 하고 '본성'을 뜻하기도 한다. "본성"은 매우 어려운 말인데 '갖고 태어난 본디 성깔' 또는 '됨됨이'를 뜻한다. "내추럴"^{natural}이라는 영국말 낱말을 "자연스러운"으로 옮길 때 '자연 세계에 있는'을 뜻하기도 하지만 '됨됨이에 맞는'을 뜻하기도 한다. "네이처"와 "내추럴"은 '태어나다'나 '자라다'를 뜻하는 라틴말 움직씨에서 왔다. 영국말 낱말 "피직스"^{physics}나 "피지컬"^{physical}은 그리스말 "피시스"에서 왔다. 이 낱말도 '됨됨이'를 뜻한다. 인도유럽 할머니말을 거슬러 올라가 "피시스"의 말뿌리를 찾아보면 '태어나다', '되다', '자라다', '나타나다'를 뜻하는 낱말이 나온다. 그리스의 피시올로고이가 "피시스", "본성", "됨됨이", "되어감"을 이야기하는 방식은 그 이후 2600년의 과학 전통을 낳았다고 해도 그다지 틀린 말이 아니다.

  "피시스"는 흔한 말인데 BCE8세기 무렵에 쓰인 호메로스의 《오디세이아》에 일상 말로 나온다. "헤르메스가 땅에서 그 풀을 뽑아 나에게 주었다. 그는 나에게 그 풀의 피시스를 보여주었다." 여기서 "피시스"는 '자라나는 방식' 또는 '됨됨이'를 뜻한다. 탈레스와 그의 제자들은 "피시스"를 '만물' 곧 '모든 것'을 뜻하는 말로 쓰기 시작했다. 모든 것이 자기 됨됨이대로 자라나기에 "피시스"를 그런 뜻으로 썼을 것이다. 근처 에페소스에서 BCE535년에 태어난 헤라클레이토스는 '피시스'를 일의 처음과 가운데와 끝을 이끌어가는 힘으로 여겼다. 사물들이 가진 피시스는 사물들이 관계 맺을 때 일어나는 일을 한계짓는다. 피시스에 따라 일어나는 일은 될 일이 일어난 일이고 '자연스런' 일이다. 피시올로고이는 일어나는 모든 일들이 피시스를 따른다고 말한다. 달리 말해 피시스를 넘어서는 일은 일어나지 않으며 오직 자연스런 일만이 일어난다.

피시올로고이가 세상에서 일어나는 일을 이야기하는 방식은 그 이전 사람들과 매우 달랐다. 시를 쓴 이, 하느님들의 족보를 쓴 이, 나라를 다스리는 이, 역사를 쓴 이들은 이해하기 어려운 일이 일어나면 사람보다 힘이 훨씬 센 하느님들이 세상일에 끼어들었기 때문이라 설명했다. 페르시아의 크세르크세스, 그의 부하들, 이 이야기를 쓴 헤로도토스도 일식이 하느님이 일으킨 일이라 말했다. 이들은 하느님이 끼어들면 하늘 해도 자기 자리를 벗어나 멋대로 움직일 수 있다고 믿었다. 하지만 피시올로고이는 피시스를 벗어난 일을 자기들 이야기에서 되도록 줄이거나 없앴다. 피시스를 벗어난 일들을 치워 버리고 자연스러운 일만을 남겨둔다면 우리가 겪는 세계는 가지런하게 꾸며진 세계가 될 것이다. 이런 세계를 그들은 "코스모스"라 불렀다.

그리스말 "코스모스"는 움직씨 "코스메오"에서 왔다. 이는 '가지런히 놓다', '꾸미다', '치우다'를 뜻한다. '화장품'을 뜻하는 "코스메틱"은 이 낱말의 흔적이다. 고전학자 그레고리 블래스토스에 따르면 "코스메오"는 지휘관이 싸움하려고 군인과 말들을 가지런히 놓는 일이며, 다스리는 이가 법질서에 따라 명령하는 일이며, 요리사가 맛있는 요리를 만들려고 식재료를 넣는 일이며, 더럽고 어지럽혀진 곳을 말끔하게 치우는 일이다. 치우고 가지런히 놓고 꾸밈으로써 만들어진 코스모스는 보기에 좋고 마음에 든다. 이런 뜻의 "코스모스"를 피시올로고이는 일어나는 모든 일, 되어가는 모든 것, 지금 있는 모든 것을 가리키는 낱말로 쓴다.

　세계를 코스모스로 여긴다는 것은 피시스를 따르지 않아 헤아릴 수 없는 것을 우리 이야기에서 없애버리겠다는 것을 뜻한다. 피시올로고이는 자기들 앞에 일어나는 모든 일을 이해하고 싶어 이 모든 일들을 다스리는 우두머리가 누구인지 알려 했다. 그들은 자연을 코스모스로 꾸미는 자연의 우두머리를 "아르케"라 불렀다. 이는 '우두머리', '으뜸', '처음', '다스림'을 뜻한다. "아르케"를 만물의 우두머리를 뜻하는 말로 처음 쓴 이는 BCE610년에 태어난 아낙시만드로스다. "아르케"는 나중에 라틴말로 "프린키피움" 또는 "프린키피아"로 옮겨졌고 영국말에서는 "프린서플"^{principle}이 되었다. 오늘날 동아시아에서 이를 "원리"로 옮긴다.

　아낙시만드로스는 움직이고 바뀌는 자연의 과정을 상 받고 벌 받는 과정으로 이해했다. 하나가 너무 커버려서 다른 하나를 누르고 함부로 설칠 수 있다. 금을 지나치게 벗어나는 것을 그리스 사람들은 "히브리스"라고 했다. 자연은 지나치게 벗어나는 것을 내버려 두지 않는다. 이것이 아낙시만드로스가 이해한 자연의 법칙이다. 그는 움직이게 하고 바뀌게 하는 힘이 코스모스 안에 있다고 믿었다. 그에게 그 힘은 자연 전체를 다스리는 시간의 힘이다. 공간에 점, 선, 면이 있기 전에는 뭐라고 할 수 있는 것이 없다. 다만 금 그어지지 않은 '뭐도 아닌 것'이 있을 뿐이다. 아낙시만드로스는 '뭐도 아닌 것'이 만물의 처음이라고 주장했다. 만일 거기에 아무것도 없지 않고 뭔가 있다면 '뭐도 아닌' 그것은 엉망이며 뒤죽박죽 섞여 있어야 한다. 이를 그리스말로 "카오스"라 한다. 이 낱말은 본디 '터'나 '자리' 또는 '열림'을 뜻했던 것 같다. 피타고라스학파에 따르면 점, 선, 면이 공간을 나누고, 여럿을 만들어내고, 움직이게 하고, 바뀌게 한다. 점, 선, 면은 서로 다른 것들이 서로 금을 넘지 않게 함으로써 말끔하게 정돈된 코스모스를 만든다. "하모니아"란 만물이 이렇게 균형을 이루는 것을 말한다.

하지만 헤라클레이토스는 다툼들이 조화를 이루어 자연이 깔끔한 코스모스를 이루고 있다는 피타고라스의 생각을 거부했다. 그는 지나친 벗어남과 어긋남을 자연 스스로 처벌하고 보상한다는 아낙시만드로스의 생각도 거부했다. 오히려 끊임없는 싸움과 부딪힘이 자연의 본모습이다. 헤라클레이토스에 따르면 모든 것은 바뀌며 서로 달라 끊임없이 싸운다. 싸우는 두 쪽은 오히려 서로를 필요로 하며 하나가 없으면 다른 하나도 없다. 오르막 없이 내리막이 없고 내리막 없이 오르막이 없다. 오르막도 내리막도 없다면 세상은 밋밋하고 아무런 변화도 아무런 아름다움도 없을 것이다. 낮과 밤, 밀물과 썰물, 오르막과 내리막 등 모든 일은 마치 활줄과 화살처럼 팽팽하게 맞서 균형을 이룬다. 헤라클레이토스는 밀물과 썰물이 오가며 해면과 지면이 자리를 다툴 때 전체 해면과 전체 지면의 비율은 일정하다고 믿었다. 여기서 "비율"에 해당하는 그리스말은 "로고스"다. 그는 때때로 불을 로고스로 여겼다.

불은 가장 운동성이 높은 것이며 변화의 촉매이자 에너지다. 불은 물과 흙으로 바뀌며 물과 흙은 다시 불로 바뀐다. 그러나 불과 물과 흙의 전체 비율은 바뀌지 않는다. 불은 이 비율을 다스리며 이 비율은 모든 이에게 똑같이 드러난다. 이 비율 때문에 자연은 끊임없이 바뀌지만 코스모스로 남는다. 헤라클레이토스는 코스모스가 모두에게 똑같다고 말한다. "이 코스모스는 모두에게 같으며, 하느님이나 사람이 만든 것이 전혀 아니며, 오히려 있었으며 있으며 끝없이 줄곧 있을 것이다. 알맞은 눈금에 따라 켜지고, 알맞은 눈금에 따라 꺼지는, 끝없이 살아 있는 불이다." 불 또는 로고스는 모든 것이 본디 됨됨이^{피시스}에 따라 일어나고 되어가고 생겨나도록 이 세계를 꾸민다. 그에게 로고스는 자연법칙이며 다른 것을 바꾸는 힘이다. 또한 다른 모든 것을 생기게 하는 바탕이다. 차츰 헤라클레이토스는 아낙시만드로스의 생각으로 돌아갔다. 그는 사물이 알맞음을 넘어 비율을 깨뜨릴 때 자연의 정의가 그 사물을 심판할 것이라고 말한다. 이는 자연은 결코 스스로 적정 수준을 넘지 않으며 법칙을 깨뜨리지 않는다는 믿음을 표현한 말이다. 자연은 본디 한결같은 모습을 갖는다.

0303. 비율

그리스의 자연학자들에게 자연은 우리 헤아림을 벗어나거나 넘어서는 것을 치우고 남은 코스모스다. 적어도 우리는 자연 현상에 규칙과 비율이 있음을 오랫동안 겪어왔다. '사물이 자기 모습을 우리에게 나타내는 일'을 "현상"이라 하는데 '자연 현상'은 본디 우리 헤아림을 벗어나지 않는다. 자연과학자는 자연의 자연스러운 현상을 기술하고 설명하고 예측하려고 물리량을 오랫동안 가다듬어왔다. 자연과학의 역사는 물리량의 개념사다. 이 역사에서 물리량은 차츰 수량화 과정을 거쳤다. 물리량의 개념사는 수량화의 역사며 측정의 역사다.

  질량이 어떻게 측정되며 어떻게 수량화되었는지 이야기하겠다. 우리는 먼저 물체 ㄱ과 ㄴ을 양팔저울에 올려놓는다. 사람은 양팔저울을 설계할 때 이미 질량 개념을 어느 정도 이해하고 있었다. 또 질량이 물체들 사이의 상호작용에 어떤 역할을 하는지도 어느 정도 이해하고 있었다. 물체 ㄱ, 물체 ㄴ, 양팔저울은 물리 법칙에 따라 상호작용한다. 이 상호작용으로부터 물체 ㄱ과 ㄴ의 질량 값이 측정되고 이런 질량 측정이 물리량 '질량'을 뜻매김^{정의}한다. 한 물체의 질량을 측정한다는 것은 그 물체와 다른 물체 및 측정장치 사이의 상호작용이다. 만일 저울이 ㄱ쪽으로 기운다면, 물체 ㄱ의 질량은 물체 ㄴ의 질량보다 크다. 만일 저울이 ㄴ쪽으로 기운다면, 물체 ㄱ의 질량은 물체 ㄴ의 질량보다 작다. 만일 저울이 어느 쪽으로도 기울지 않는다면, 물체 ㄱ의 질량은 물체 ㄴ의 질량과 같다.

임의의 물체 ㄱ, ㄴ, ㄷ에 대하여 양팔저울로 잰 질량은 다음과 같은 규칙을 만족한다. (i) 만일 ㄱ의 질량이 ㄴ의 질량과 같고 ㄴ의 질량이 ㄷ의 질량과 같다면, ㄱ의 질량은 ㄷ의 질량과 같다. (ii) 만일 ㄱ의 질량이 ㄴ의 질량보다 크고 ㄴ의 질량이 ㄷ의 질량보다 크다면, ㄱ의 질량은 ㄷ의 질량보다 크다. 간단히 말해 질량 속성은 동일성과 대소 관계를 갖는다. 물체의 한 모습이 같음과 크고 작음의 순서를 갖는다면, 우리는 이 모습에 수를 매김으로써 이 모습을 나타낼 수 있다. 우리는 그 모습을 센모습^양으로 여길 수 있고 이렇게 양팔저울의 도움으로 질량은 센모습으로 우리에게 드러난다.

측정은 세계의 물리 측면을 숫자로 나타내는 일이다. 물리량은 물체가 가진 무엇이지만 물리량의 측정은 사물한테서 수를 찾는 일이 아니다. 왜냐하면 물체는 수를 갖지 않으며 물체 안에 수가 들어있지도 않기 때문이다. 물리량은 물체와 물체의 관계를 나타낸다. 이 점에서 측정장치는 수를 찾는 도구가 아니다. 그것은 오히려 물체와 물체의 관계를 더듬어가는 도구다. 물체에 질량을 주는 일을 잘 살펴보면 물리량이 물체와 물체 사이의 비율 관계로부터 나온다는 것을 알 수 있다. 우리는 양팔저울로 물체들을 견주어 봄으로써 작은 것부터 큰 것까지 물체의 질량을 차례대로 순서 지을 수 있다. 이 순서를 나타내는 수가 '서수' 곧 '순서수'다. 하지만 물체들의 질량 크기 순서가 곧 그 물체들의 질량 값은 아니다.

만일 단위 질량을 미리 정해둔다면 질량 크기를 잴 수 있다. 쌀 한 톨이나 모래 한 알을 1로 잡아도 된다. 여기서 물리량이 숫자와 단위로 표현된다는 점을 알아채야 한다. 물리량은 단순한 숫자가 아니다. 수만으로는 물리량을 결코 뜻매김할 수 없으며 수학은 결코 자연과학을 만들어낼 수 없다. '그램' '미터' '초' 같은 단위 안에는 물체와 물체 또는 물체와 측정장치 사이의 관계가 축약되어 있다. 한때 1세제곱센티미터에 담긴 물의 질량을 '1그램'으로 뜻매김했다. 1세제곱센티미터에 담긴 물은 '1그램의 질량 도량형 원기'가 되는 셈이다. 프랑스 세브르의 국제표준국 안에 한 물체가 보관되어 있다. 그 물체의 이름은 "국제표준물체"다. 이 물체는 질량을 측정하는 기본 덩어리인데 이 물체의 질량은 정의상 1킬로그램이다.

우리가 물체에 물리량들을 주는 것은 물체와 물체의 관계 나아가 전체 물리계의 짜임을 기술하려는 목적 때문이다. 그 짜임에는 반드시 규칙이 있다. 규칙이 전혀 없다면 우리는 물체에 수를 매길 수조차 없다. 만일 물체 ㄱ의 질량이 물체 ㄴ의 질량보다 크고 물체 ㄴ의 질량이 물체 ㄷ의 질량보다 큰데도 ㄱ의 질량이 ㄷ의 질량보다 작다면 어떻게 될까? 우리는 물체에 질량 값을 아예 줄 수가 없다. 사물의 속성을 센모습으로 만드는 측정 과정에서 우리는 완전한 카오스 따위를 믿지 않는다. 우리는 자연에 한결같음이 티끌만큼이라도 있기는 있다고 믿어야 한다. 다시 말해 사물의 속성을 측정장치로 재어 그 속성을 숫자로 나타내려 할 때 우리는 자연이 어느 정도 한결같은 모습을 갖는다고 믿어야 한다.

　물체 ㄱ의 길이보다 물체 ㄴ의 길이가 더 길고, 물체 ㄴ의 길이보다 물체 ㄷ의 길이가 더 길다면, 재어볼 것도 없이 물체 ㄱ의 길이보다 물체 ㄷ의 길이가 더 길 것이다. 이를 "길이의 이행성"이라 한다. 어떤 자는 한 물체에 수 10을 주고 다른 자는 똑같은 물체에 수 15를 줄 수 있다. 하지만 물체들의 길이를 누가 무슨 자로 재든 길이의 이행성은 깨지지 않는다. 이 사실은 물체가 실제로 길이를 가지며 그 길이를 숫자로 나타내는 일이 튼튼한 바탕 위에 놓여 있음을 말해준다. 이 점은 질량도 마찬가지다. 물체들의 질량 사이의 관계 자체는 표준물체나 저울에 따라 바뀌지 않는다. 표준물체를 바꿈으로써 눈금 크기나 간격을 바꿀 때 각 물체에 매기는 수는 달라진다. 킬로그램 눈금을 근이나 파운드 눈금으로 바꾸면 물체에 매기는 수는 이전 값과 다르다. 하지만 각 물체들 사이의 질량 비율은 바뀌지 않은 채 그대로 남는다. 예컨대 킬로그램 눈금으로 재었을 때 물체 ㄱ의 질량이 ㄴ의 두 배라면, 파운드 눈금으로 재어도 여전히 ㄱ의 질량은 ㄴ의 두 배다. 측정장치의 눈금 크기와 간격은 물질의 질서를 바꿀 수 없다.

물체는 그램 수도, 근 수도, 파운드 수도 지니지 않는다. 우리는 그램, 근, 파운드 따위가 실재하는 무엇이라고 가정하지 않아도 된다. 수는 물체의 한 부분도 물체 표면에 붙어 있는 것도 아니다. 물체에 물리량을 주는 것은 그 물체를 다른 물체들과 관련짓는 하나의 방법일 뿐이다. 물체가 얼마큼의 질량을 '갖느냐'는 것은 관계의 문제다. 이 관계는 물체와 수의 관계라기보다 물체와 다른 물체 사이의 관계다. 우리는 물체의 질량에 2를 줄 때 물체가 2의 모든 특성을 갖는다고 가정하지 않는다. 수들 사이의 동일성 관계와 대소 관계 및 비율 관계를 물체의 물리량에 주고 싶을 뿐이다.

도량형이 바뀔 때마다 물체에 매기는 물리량의 값은 바뀌지만 물체들의 물리량 사이 비율은 바뀌지 않는다. 물체에 질량 값을 줌으로써 우리가 잡고 싶은 것은 한 물체 질량과 다른 물체 질량의 비율이다. 이것은 고대 피시올로고이가 "로고스"라 불렀던 것이다. 현상을 기술하는 수들은 오직 현상들의 관계 패턴을 보존한다. 물체들의 질량수는 표준물체에 상대하여 달라진다. 물체의 질량수는 오직 그 물체가 표준물체 질량의 몇 배냐에 따라 결정된다. 눈금 자체는 물체의 물리량을 바꾸지 못하며 물리량의 절대 수치는 중요하지 않다. 어떤 눈금 어떤 도량형을 도입해야 할지는 단지 관례와 실용의 문제다. 하지만 물체들 사이의 물리량 비율은 눈금 스케일에 아랑곳하지 않는다. 그 비율은 보존량이며 불변량이다.

물론 때와 곳에 따라 눈금의 크기와 간격을 다르게 하면 사람들은 사물의 속성을 잘못 알 수 있고 이를 이용하여 다른 이를 속일 수 있다. 눈금을 똑같이 매김으로써 물체에 매기는 숫자를 똑같게 하려는 노력을 "도량형 표준화"라 한다. 1789년 프랑스혁명이 일어날 즈음 민중들은 나쁜 도량형으로 자신들의 자산을 빼앗아가는 관리에 저항했고 "하나의 길이, 하나의 무게"를 요구했다. 그해 8월 과학아카데미에 몸담고 있던 장바티스트 르 루아는 귀족 출신 정치인 샤를 탈레랑을 끌어들여 국민의회에 도량형 표준을 청원하려 했다. 1799년 6월 22일에 미터 표준기와 킬로그램 표준기가 프랑스 입법부에 제출되었으며 이윽고 1840년에 미터법을 의무화했다. 1875년 5월 20일 17개 나라가 국제미터위원회 협약에 서명했다. 이날은 '세계 측정학의 날'로 정해졌다. 이즈음 학술잡지 《네이처》는 도량형이 표준화된다면 이것은 "현대 문명의 위대한 승리"가 될 것이라 적었다.

0304. 한결

자연과학자는 물체에 수를 줌으로써 물체들 사이의 관계를 추적한다. 이 관계는 측정값의 비율에 그대로 반영된다. 이 비율은 측정 과정, 측정장치, 눈금, 스케일, 도량형에 따라 달라지지 않는다. 이 비율은 그 물리량을 정의할 때 반영된다. 물리량을 측정하는 것은 그 물리량의 절대 수치가 아니라 수치들의 비율을 재는 것이다. 물리량에 숫자뿐만 아니라 단위도 들어있다는 점은 물리량이 절대 수치가 아니라 비율을 잰다는 것을 말해 준다. 이 비율은 자연의 한결같음 덕분에 우리에게 드러난다. 이 한결같음은 과학사에서 "대칭성" "조화" "법칙" 등 여러 가지로 달리 불렸다. 질량을 센모습°으로 나타낼 수 있는 밑바닥에는 역학법칙이나 상대성이론 같은 것이 깔려 있다.

  라이프니츠는 사물은 자기 안에 '살아있는 힘'을 갖는다고 주장했는데 이는 '에너지' 개념으로 발전한다. 그를 따르는 에밀리 뒤 샤틀레는 나중에 에너지보존법칙을 발견한다. 라이프니츠 이전에 데카르트는 물체는 스스로 움직일 힘을 갖지 않는다고 믿었다. 그는 '운동량' 개념을 내놓았고 운동량보존법칙을 처음 떠올렸다. 데카르트에 따르면 물체 바깥에서 힘을 미치지 않는 한 물체는 스스로 운동을 바꾸지 않는다. 왜냐하면 그에 따르면 물체의 운동을 바꿀 만한 내부 원인은 없기 때문이다. 멈춰 있는 물체에 힘을 주지 않는다면, 그 물체는 움직일 까닭이 아예 없으므로, 그 물체는 줄곧 멈춰 있을 것이다. 똑같은 빠르기로 곧게 움직이는 물체에 아무런 힘을 주지 않는다면, 그 물체가 더 빠르거나 더 늦게 움직일 까닭이 없고 또 그 물체가 굽어 갈 까닭도 없으므로, 그 물체는 줄곧 똑같은 빠르기로 곧게 움직일 것이다. 이것은 하나 마나 한 말처럼 보이지만 뉴턴은 이를 법칙으로 여겼다. 오늘날 이것을 "뉴턴의 첫째 운동법칙"이라 한다. 이 법칙을 처음 믿은 사람은 갈릴레오가 아니라 데카르트다. 갈릴레오는 물체에 아무런 힘이 미치지 않는다면 물체는 등속원운동을 한다고 믿었다.

　물체의 속도는 물체의 빠르기와 움직이는 방향을 모은 물리량이다. 속도가 바뀐다는 것은 빠르기가 바뀌거나 움직이는 방향이 바뀐다는 것을 뜻한다. 가속도는 속도가 바뀌는 정도인데 방향이 바뀌지 않고 빠르기도 바뀌지 않을 때 물체의 가속도는 0이다. 등속운동은 가속도가 0인 운동을 말한다. 멈춰 있는 물체는 속도가 줄곧 0인 운동이며 등속운동이다. 같은 빠르기로 곧게 움직이는 물체도 등속운동을 한다. 뉴턴의 첫째 운동법칙에 따르면 물체에 미치는 힘이 없을 때 물체는 등속운동을 한다. 거꾸로 물체가 등속운동을 한다면 그 물체에 미치는 힘은 없다. 바깥에서 물체에 미치는 힘을 "F"라 쓰고 그 물체의 가속도를 "a"라고 써서 뉴턴의 첫째 운동법칙을 짧게 표현할 수 있다. 만일 $F = 0$이면 $a = 0$이고, $a = 0$이면 $F = 0$이다. 이로부터 "만일 $F \neq 0$이면 $a \neq 0$이고, $a \neq 0$이면 $F \neq 0$이다"를 얻는다. 당연히 힘이 세면 셀수록 가속도는 크고 힘이 약하면 약할수록 가속도는 작다.

뉴턴의 첫째 운동법칙에 따르면 물체 바깥에서 힘이 미치지 않는다면 물체는 혼자 힘으로 운동을 바꾸지 않으려 한다. 현재의 운동 상태를 바꾸지 않으려는 물체의 성질을 옛날 사람들은 "관성"이라 했다. 이는 라틴말 "이네르티아"를 옮긴 말이다. 본디 뜻은 '솜씨 없음' '재주 없음' '서툶' '모름'인데 나중에 '게으름' '굼뜸'이라는 뜻이 새로 생겼다. 옛날 사람에게 관성은 물체가 안 움직이려 하는 정도를 나타낸다. 관성의 뜻에 따르면 관성이 크면 클수록 스스로 운동 상태를 바꾸지 않으려는 성질이 강하다. 이 때문에 물체의 가속도는 물체의 관성에 반비례할 것이다. 이미 말했듯이 물체의 가속도는 물체에 미치는 힘에 비례한다. 이 두 직관을 모아 뉴턴은 둘째 운동법칙을 얻었다. 물체의 가속도는 물체에 미치는 힘에 비례하고 물체의 관성에 반비례한다. 이제 남은 것은 관성을 측정하여 센모습으로 바꾸는 일이다. 실제로 운동이론의 발전과 더불어 관성은 센모습으로 바뀌었고 '관성질량'이 정의되었다. 물체의 관성질량을 짧게 "m"이라 쓰면 뉴턴의 둘째 법칙은 다음과 같이 쓸 수 있다. $a = F/m$ 또는 $F = ma$.

뉴턴의 둘째 법칙 안에는 관성질량의 측정 과정이나 그것의 조작 정의가 이미 담겨 있다. 두 물체에 똑같은 힘을 준 뒤 그것의 가속도를 측정한다면 우리는 두 물체의 질량 비율을 얻는다. 두 물체의 질량 비율이 여러 가지 측정장치나 측정 방식에 아랑곳하지 않는다는 우리의 믿음은 자연이 한결같이 뉴턴의 운동법칙에 따라 움직인다는 믿음이기도 하다. 주어진 물체 ㄱ의 관성질량을 재려 할 때 뉴턴의 운동법칙이 어떻게 쓰이는지 살펴보자. 먼저 다른 물체를 표준물체로 삼고 이것의 관성질량을 '1그램'으로 정의한다. 물체 ㄱ과 표준물체 S에 똑같은 힘 F를 주면 물체 S는 가속도 a_S를 갖고 물체 ㄱ은 가속도 a를 갖는다.

뉴턴의 둘째 운동법칙에 따르면 물체의 가속도는 그 물체의 관성질량에 반비례한다. 따라서 두 물체의 가속도 비율 a/a_S는 두 물체의 관성질량 비율 m/m_S의 역수다. 여기서 "m"은 물체 ㄱ의 관성질량이고 "m_S"는 표준물체 S의 관성질량이다. 곧 두 물체의 관성질량 비율 m/m_S은 a_S/a다. 표준물체의 관성질량이 1그램으로 정의되었기에 물체 ㄱ의 관성질량 m은 a_S/a 그램이다. 간추리면 표준물체 S와 물체 ㄱ에 똑같은 힘을 준 뒤 두 물체의 가속도 비율 a_S/a를 측정함으로써 우리는 물체 ㄱ의 관성질량을 측정할 수 있다. 이처럼 뉴턴의 운동법칙 덕분에 우리는 관성질량을 측정하여 그것을 센모습으로 드러낸다. 뉴턴의 운동법칙이라는 한결같음이 자연 안에 깃들지 않았다면 우리는 관성질량을 측정할 수 없다. 달리 보면 물리량의 측정은 자연의 한결같음을 알아내는 과정이다.

아인슈타인의 상대성이론은 "빛의 속도는 한결같다"로부터 시작한다. "빛의 속력은 약 초속 3억 미터다"는 그냥 측정 결과다. 하지만 이 값이 언제 어디서나 한결같다는 사실은 법칙의 자리에 오른다. 앨버트 마이컬슨과 에드워드 몰리는 1887년 이 사실을 실험으로 알게 되었다. 하지만 아인슈타인은 "빛의 속도는 한결같다"를 단순한 측정 결과로 여기지 않았다. 이 사실은 관측자의 상태, 시각, 관점에 아랑곳하지 않으며 모든 좌표계에서 성립하는 절대 사실이고 법칙이었다. 물론 실제 실험과 경험에 비추어 보면 "빛의 속도는 한결같다"는 '절대 사실'이 아니다. 우리가 측정할 때마다 약간 다른 값을 가질 것이다. 그것이 측정의 오차인지 실제로 빛의 속도가 때와 곳에 따라 바뀌는지는 경험만으로 판가름할 수 없다.

다만 아인슈타인은 "빛의 속도는 한결같다"를 절대 사실로 굳게 믿음으로써 상대성이론을 이끌어냈을 뿐이다. 엄밀히 말해 그것은 상대성이론의 '절대 믿음' 또는 '중심 교의'다. 아인슈타인은 이 절대 사실이 '시간'과 '거리'를 측정할 수 있는 바탕이라고 보았다. 빛의 속도가 드러내는 이 한결같음이 오히려 시간을 측정하고 공간을 측정하는 밑바탕이다. 물리학은 이처럼 모든 좌표계에서 성립하는 절대 사실에 바탕을 두고 다른 물리량들을 새로 정의한다. 물리학은 이렇게 새로 정의된 물리량들의 관계를 표현한다. 이로써 물리학은 다른 자연과학들의 본이 되었다.

자연에 담긴 놀랄 만한 한결같음이 새롭게 드러나자 측정장치의 눈금을 표준화하는 일에 되돌릴 수 없는 혁명이 일어났다. 한결같은 빛의 속도는 그 자체로 모든 눈금의 표준이 되었다. 빛의 속력이 정확히 초속 299,792,458 미터가 되도록 미터와 초가 새로 정의되었다. 시간과 길이와 질량의 정의는 여러 번 바뀌었고 이제 다음과 같이 정의된다. 첫째, 1초는 특정 빛의 9,192,631,770주기다. 여기서 특정 빛은 절대 0도 세슘-133 원자의 바닥 상태에 있는 두 초미세 준위 사이에 오가는 빛이다. 여기서 "바닥 상태"는 원자 안 전자들이 가장 낮은 에너지를 가질 때의 상태를 말한다. 전자의 에너지 상태를 "준위"라 하는데 초미세 준위는 한 준위 안에 아주 작게 에너지 차이가 나는 준위들이다. 처음에 1초는 하루의 1/86,400로 정의되었다. 1956년에 1900년 1월 0일 12시 기준으로 1년의 1/31556925.9747로 바뀌었다. 상대성이론에 따라 현재 정의가 1967년에 나왔고 1997년에 "절대 0도"라는 표현이 덧붙었다.

둘째, 1미터는 빛이 진공에서 1/299792458초 동안 나가는 길이다. 1793년 처음 정의될 때는 남북극과 적도 사이 거리의 1/10,000,000이었다. 1960년 상대성이론에 따라 특정 빛 파장의 1650763.73배로 정의되었다가 1983

년 현재 정의로 굳혀졌다. 셋째, 1킬로그램은 플랑크 상수가 정확히 6.62607015×10^{-34}이 되게 하는 값이다. 플랑크 상수의 단위는 'kg·m^2/s'다. 킬로그램 정의는 2018년 11월 16일 파리에서 열린 제26차 국제도량형 총회에서 130년 만에 바뀌었다.

0305. 한결의 원리

라이프니츠는 뉴턴의 수학 원리가 자연과학을 짜는 데 충분하지 않다고 생각했다. 여기서 수학 원리는 기하학의 방법 곧 논리의 방법을 뜻한다. 라이프니츠와 뉴턴이 말하는 '수학 원리'는 말하자면 추론의 방법을 뜻하는 것 같다. 라이프니츠는 자연과학을 짤 수 있는 또 다른 원리를 소개한다. 그것은 충족이유율이다. 그는 이것을 "물리학의 원리" "동역학의 원리" "힘의 원리" "자연의 원리" 따위로 다르게 불렀다. 그는 뉴턴의 견해를 대변하는 새뮤얼 클러크와 아주 오래 편지를 주고받았다. 이 편지들은 사실상 라이프니츠와 뉴턴의 논쟁이었다.

    라이프니츠는 이 편지에서 다음과 같이 말했다. "수학에서 물리학으로 가려면, 그 너머의 원리, 어떤 일이든 그 일이 다른 방식이 아니라 왜 이 방식으로 일어나는지 이유까닭가 있다고 말하는 원리, 이른바 충족이유의 원리가 있어야 한다." 그는 충족이유율에 따라 수학에서 물리학으로 가려고 했던 위대한 자연과학자로 아르키메데스를 들었다. "완벽한 대칭을 이룬 양팔저울과 이 저울 두 쪽에 똑같은 무게를 지닌 물체를 올려놓았다고 생각해 보라. 어느 쪽도 움직이지 않을 것이다. 아르키메데스는 저울의 한쪽이 내려가야 할 이유가 전혀 없기에 어느 쪽도 움직이지 않을 것이라고 보았다." 아르키메데스의 이 생각에는 실제로 힘과 동역학과 물리학과 자연과학의 가장 밑바닥을 떠받치는 원리가 숨어 있다.

아무것도 없는 공간에 멈춰 있던 사물이 갑자기 움직일 까닭이 없다. 아무것도 없는 공간에서 움직이던 사물이 어떤 곳에서 갑자기 더 빨리 움직이거나 더 느리게 움직일 까닭이 없다. 물리학자들은 이를 "공간의 동질성"이라 한다. 공간의 동질성은 "물체에 미치는 힘이 없다면 물체의 운동량은 물체가 어디에 있느냐에 따라 달라지지 않는다"라고 달리 표현할 수 있다. 물리학자들은 이를 "운동량보존법칙"이라 한다. 이것은 "우리가 물체를 어디서 보든 운동량보존법칙은 성립한다"로 바꿔 말할 수 있다. "우리가 물체를 어디서 보든"을 전문용어를 써서 말하면 "물체의 위치를 기술하는 좌표계를 특정 위치로 옮겨도"가 된다. 공간의 동질성은 물체를 기술하는 좌표계를 특정 위치로 옮겨도 자연법칙이 바뀌지 않는다는 점을 표현한다. "물체를 기술하는 좌표계를 특정 위치로 옮겨도 자연법칙이 바뀌지 않는다"는 사실로부터 우리는 운동량보존법칙을 이끌어낼 수 있다. 이처럼 우리가 알맞은 "운동량" 개념을 갖는다면 라이프니츠의 충족이유율을 바탕으로 운동량보존법칙을 세울 수 있다.

아무것도 없는 공간에 멈춰 있던 사물이 갑자기 돌 까닭이 없으며 어떤 쪽으로 더 빨리 돌거나 더 천천히 돌 까닭이 없다. 물리학자들은 이를 "공간의 등방성"이라 한다. 공간의 등방성은 각운동량보존법칙이 성립한다는 점을 말해준다. 물체를 기술하는 좌표계를 특정 방향만큼 돌려도 자연법칙이 바뀌지 않는다는 사실로부터 우리는 각운동량보존법칙을 이끌어낼 수 있다. 시간 흐름과 관련해서도 비슷한 일이 벌어지며 이를 "시간의 동질성"이라 한다. 천장에 매달려 흔들거리는 추는 시시각각 위치를 바꾸고 속도를 바꾼다. 이러한 변화 가운데서도 추의 운동에너지와 위치에너지를 합한 값은 바뀌지 않는다. 측정하는 시간을 바꾸어도 물체의 에너지는 그대로 남아 있다. 물체를 기술하는 좌표계를 특정 시간만큼 옮겨도 자연법칙이 바뀌지 않는다는 사실로부터 우리는 에너지보존법칙을 이끌어낼 수 있다. 공간의 동질성과 등방성을 모아 "모든 곳의 한결같음"이라 하고 시간의 동질성은 "모든 때의 한결같음"이라 말할 수 있겠다. 모든 곳 모든 때의 한결같음으로부터 운동량보존법칙, 각운동량보존법칙, 에너지보존법칙을 이끌어낼 수 있다. 그 한결같음은 '운동량', '각운동량', '에너지' 따위 물리량을 정의하는 바탕이기도 하다.

우리는 측정, 불변량, 보존량, 한결같음 사이의 깊은 관련성을 알아챌 수 있다. 현상을 측정하는 관점을 바꾸는 것을 물리학자들은 "좌표 변환"이라 한다. 좌표 변환은 좌표계를 바꾸는 일인데 보통 좌표계는 측정 위치와 방향 및 시간을 표현하는 장치로 쓰인다. 가장 많이 쓰이는 좌표계는 관성 좌표계이며 이 좌표계 안에 놓인 물체들은 뉴턴의 첫째 운동법칙을 따른다. 물체가 놓인 시공간 좌표계를 다른 좌표계로 바꾸는 것을 "시공간 대칭변환"이라 한다. 시공간 대칭변환에는 크게 두 가지가 있다. 하나는 갈릴레이 변환이고 다른 하나는 로렌츠 변환이다. 측정장치의 방향과 위치를 바꾸는 올바른 변환이 갈릴레이 변환이냐 로렌츠 변환이냐의 문제는 우리의 경험에 달려 있다. 만일 빛의 속도가 한결같다는 경험이 없었다면 우리는 갈릴레이 변환이 자연계에 알맞지 않는다는 것을 알지 못했을 것이다. 빛의 속도는 로렌츠 변환 과정에서 바뀌지 않지만 갈릴레이 변환에서는 바뀐다.

좌표 변환에 아랑곳하지 않고 그대로 남아 있는 물리량을 "불변량" 또는 "보존량"이라 한다. 에미 뇌터는 1915년 이른바 "뇌터 정리"를 증명했다. 이 정리에 따르면 좌표 변환을 해도 바뀌지 않는 모습이 있다면 그로부터 한 물리량의 보존법칙을 이끌어낼 수 있다. 자연 안에는 좌표 변환을 해도 바뀌지 않는 모습이 있으며 우리는 이 불변량과 관련하여 자연법칙을 반드시 찾을 수 있다. 이제 자연과학자에게는 "좌표 변환을 해도 바뀌지 않는 모습이 자연에 있다"고 굳게 믿는 일이 남았다. 빛의 속도가 좌표 변환에서 바뀌지 않음을 깨닫자마자 아인슈타인은 그것을 자기 이론의 출발점으로 삼았다.

자연과학은 "자연과학은 측정 위치에, 측정 방향에, 측정 시간에 따라 바뀌지 않는다"는 원리로부터 시작할 수 있다. 이 원리를 물리학자들은 "대칭성 원리"라 한다. 여기서 "대칭성"이 나온 것은 '좌표 변환' 개념 때문이다. 좌표 변환을 해도 현상들 안에 바뀌지 않는 모습이 있을 때 우리는 "그 현상들은 대칭성을 갖는다"고 말한다. 상대성이론에서는 이 원리를 "상대성 원리"라고 한다. 아인슈타인에게 대칭성 원리는 "허용될 수 있는 동역학 법칙을 제약하는 자연의 으뜸 모습"이었다. 그는 "상대성"이라는 말 대신에 "불변성"이라는 말을 쓰고 싶었다. 내 생각에 "대칭성"을 우리말로 "한결같음"이나 "결맞음"으로 옮겨도 될 것 같다. 낱말 "대칭성"은 그리스말 "심메트리아"에서 왔는데 이는 '똑같이 재어짐' 또는 '측정값 같음'을 뜻한다. 라이프니츠의 "자연의 원리", 아인슈타인의 "상대성 원리", 다른 물리학자의 "대칭성 원리"를 나는 "한결의 원리"라고 부르고 싶다. 이 원리를 짧게 쓰면 다음과 같다. 자연의 결은 모든 곳과 모든 때에 한결같다.

    한결의 원리는 처음에 물체와 물체를 가르는 데 쓰인다. 내가 한 물체 주위를 한 바퀴 돌면서 그 물체를 살펴보았다. 여전히 그 물체는 거기에 있고 앞뒤 위아래 옆이 단일체를 이루고 있다. 나만 그렇게 보는 것이 아니라 다른 이들도 그렇게 보고 있음을 다른 이와 대화함으로써 알게 되었다. 물체의 이런 모습은 일종의 불변성이다. 그것이 그림자, 꿈, 환상, 착시, 착각이었다면 그런 불변성을 볼 수 없다. 이러한 불변성 때문에 우리는 이 일상 물체를 객관 물체라고 믿는다. 이러한 일상 물체의 불변성은 세계가 일상 물체들로 이뤄져 있음을 믿는 출발점이다. 자연과학의 대상은 적어도 일상 물체의 이러한 조건을 만족한다. 지구와 달과 별이 그러하고 블랙홀이 그러하다. DNA가 그러하고 산소가 그러하며 수소가 그러하다. 자연과학자들은 분자나 원자 주위를 돌며 그것들을 살펴볼 수 없지만 엄밀한 장치나 수학 이론을 써서 좌표 변환을 시켜 본다. 이러한 관점 변환 또는 좌표 변환에 아랑곳하지 않고 남아 있는 요소를 그 물체가 가진 속성으로 여긴다. 위치, 운동량, 각운동량, 에너지, 질량, 전하량 따위가 그 보기다. 이들 속성은 우리가 그냥 마음속에 품은 느낌이나 관념이 아니다. 우리는 물체가 그 속성을 실제로 가졌다고 믿는다.

　　우리는 한 사물을 다른 사물들과 견주어 봄으로써 사물에게 물리량을 준다. 측정은 곧 여러 사물을 견주어 보는 과정이다. 측정으로 우리는 사물들 사이에 성립하는 한결같은 관계를 찾는다. 만일 사물들 사이의 관계에 아무런 규칙이 없다면 사물에 물리량을 줄 수 없다. 길이를 잴 때 물체 ㄱ이 물체 ㄴ보다 길고 물체 ㄴ이 물체 ㄷ보다 길다면 ㄱ은 ㄷ보다 길어야 한다. 이 관계는 측정 절차, 측정장치, 눈금, 도량형, 관심, 욕망, 의지 따위에 아랑곳하지 않는다. 나아가 ㄱ이 ㄴ보다 3배 길다면, 그 어떤 측정 절차, 측정장치, 눈금, 도량형을 가져와도 ㄱ은 ㄴ보다 3배 길어야 한다. 길이를 잴 때 나타나는 이러한 한결같음은 물리량 '길이' 자체를 정의한다. 측정은 한결의 원리를 반드시 지켜야 한다. 이 원리를 어기는 어떠한 인식 과정도 측정일 수 없다. 이 원리를 어긴 채 물체에게 숫자를 주는 일은 객관 물체의 물리량을 나타내지 못한다.

한결의 원리는 자연 현상들 사이의 관계에, 그 현상을 측정하는 장치나 사람의 안팎 사정에 영향받지 않는 비율 구조가 존재한다는 굳센 믿음을 밑에 깔고 있다. 우리가 어떤 자세, 어떤 태도, 어떤 시각, 어떤 각도, 어떤 틀로 자연을 본다 하더라도 그 자연에는 한결같은 구조가 있다. 자연 현상을 측정하는 사람은 자연과학자며 자연 현상들 사이의 비율 구조를 탐구하는 일은 자연과학이다. 따라서 한결의 원리는 "자연과학은 자연과학자에 따라 달라지지 않는다"는 원리이기도 하다. 자연법칙은 모든 곳 모든 때에 한결같다. 자연과학자는 그가 있는 위치와 방향과 시간에 따라 다른 자연법칙을 보지 못한다. 이곳에 자연법칙과 저곳에 자연법칙은 똑같다. 이쪽 자연법칙과 저쪽 자연법칙은 똑같다. 어제 자연법칙과 오늘 자연법칙은 똑같다. 이와 같은 고갱이 믿음, 교의, 독트린, 도그마, 원리가 자연과학을 믿음직한 믿음으로 짠다.

0306. 코스모스

반드시 논리와 아마도 논리를 써서 앎을 얻는 일은 자연과학만의 모습이 아니다. 가설을 써서 현상을 설명하고 명제를 써서 앎을 표현하는 일도 자연과학만의 모습이 아니다. 그런 일은 모든 과학이 함께 갖는 모습이다. 반면 측정으로 사물의 속성을 숫자로 나타내는 일은 자연과학의 또렷한 제모습이다. 한결의 원리를 따르며 사물을 측정함으로써 얻은 사물의 속성은 사물의 자연 속성, 물리 속성, 물성, 물리량이다. 한 사물이 물리량을 가질 때 그 사물은 물리 사물, 물리 대상, 물체가 된다. 따라서 측정으로 사물의 속성을 드러내는 일은 세계를 물체들로 이뤄진 곳으로 기술하는 일이다. 측정을 거쳐 우리에게 나타난 현상 세계는 곧 물리 세계다.

'자연'을 '본디 측정될 수 있는 것'으로 여기는 견해는 자연에 대한 특별한 관점일 뿐이다. 옛날 '자연' 개념에 따르면 온갖 것들이 자연 안에 있다. 탈레스의 자연은 넋과 얼로 가득 차 있다. 아리스토텔레스의 자연은 뜻과 목적을 갖는다. 라이프니츠의 자연은 한 곳도 빠짐 없이 모든 곳에 지각과 바람이 있다. 스피노자의 자연은 지성을 가진 하느님이다. 동양에서 자연은 도덕성과 자유까지 갖는다. 하지만 오늘날 자연과학은 새로운 자연 개념

아래서 자연을 탐구한다. 자연과학의 자연은 측정되는 속성 곧 물성을 가진 물체들의 세계다. 이것은 자연을 나쁘게 보는 것이 아니다. 이것은 자연을 객관 탐구 대상으로 보는 일이고 우리가 헤아릴 수 있도록 자연을 가지런히 꾸미는 일이다.

하지만 자연이 전체 세계라고 믿는 것은 자연과학을 벗어난 믿음이다. 우리는 그 믿음을 따로 "자연주의"나 "물리주의"라 일컫는다. 물론 자연과학은 자연주의 방법을 써서 탐구할 수 있다. 하지만 자연과학으로부터 자연주의 자체를 추론할 수는 없다. 서양의 많은 옛날 과학자들은 하느님이 있다는 굳센 믿음을 바탕으로 자연법칙을 발견했다. 하지만 그 자연법칙이 옳다고 해서 하느님이 있다는 그들의 믿음이 옳게 되는 것은 아니다. 마찬가지로 자연주의를 굳게 믿음으로써 자연법칙을 발견했다 하더라도 자연주의 자체가 옳은 믿음이 되지는 않는다. 자연주의 교리를 믿지 않아도 우리는 추론과 측정의 방법으로 자연과학을 아주 잘 만들어낼 수 있다.

자연과학은 한결의 원리에 따라 세계를 측정한다. 자연과학은 세계를 물체들로 쪼개고 그 물체들을 물성에 따라 갈래짓는다. 이로써 자연 세계의 움직임과 바뀜을 기술·설명·예측한다. 이것은 인문과학이나 사회과학에서 하는 일이 아니다. 이것은 자연과학에서만 하는 일이다. 자연과학의 이 고유방법 덕분에 자연과학은 자연의 모습을 그토록 정밀하게 그려낼 수 있었다. 현대 화학,

생물학, 지구과학, 천문학은 물리학의 발전과 같은 길을 걷고 있다. 물리학 안에는 이들 과학에서 쓰이는 측정장치들의 작동 원리가 들어있다. 이들 과학은 물리학에 바탕을 둘 때 더 믿음직한 이론일 수 있다. 바탕 학문으로서 물리학은 자연 현상이 한결같다는 원리 위에 서 있다. 아인슈타인은 1905년에 이 원리를 바탕으로 특수상대성이론을 짰고 1915년에는 일반상대성이론을 짰다. 유진 위그너는 1920년대 후반에 이 원리를 양자역학과 나머지 모든 물리이론으로 확대 적용할 것을 제안했다. 그가 이 제안을 했을 때 물리학자들은 차가웠지만 20세기 후반에 접어들면서 이 제안은 물리학에서 표준이 되었다.

에미 뇌터 정리는 좌표 변환을 거쳐 물리량 자체가 정의될 수 있음을 잘 보여주었다. 좌표 변환에도 바뀌지 않은 양을 찾아내고 그것을 물체를 기술하는 물리량으로 여긴다. 고전역학은 한결의 원리를 써서 위치 변환, 회전 변환, 시간 변환에 따라 보존되는 양을 찾아 운동량, 각운동량, 에너지를 정의한다. 나아가 한결의 원리에 따라 전자기학은 전하량을 정의하고, 양자역학은 상태 벡터를 정의하고, 일반상대성이론은 질량을 정의한다. 질량, 전하량, 스핀 따위의 물리량을 정의한 뒤 이에 따라 알갱이들을 갈래짓는다. 실제로 위그너는 물질 입자의 심층 내부 구조에 한결의 원리를 적용함으로써 질량 전하량 고유스핀 등 입자의 근본 속성을 추려내었다. 이로써 그는 근본입자를 정의하고 그 정의에 따라 입자들을 갈래지었다. 오늘날 표준모형에 나오는 쿼크, 렙톤, 게이지 입자 등은 한결의 원리에 따라 상정된 근본입자들이다. 여기서 "상정된"이란 '있는 것으로 가정된'을 뜻한다. 물리학자들은 한결의 원리에 따라 세계를 쿼크, 전자, 뉴트리노, 빛알 따위로 쪼개고 세계를 바로 그러한 알갱이들의 모둠으로 여긴다. 이 알갱이들이 모여 양성자, 중성자, 원자핵, 원자, 분자, 물체를 이룬다. 그것이 화학 대상이든 생물학 대상이든 지질학 대상이든 그것들은 물리량을 가진 물리 알갱이들로 이뤄져 있다. 우리는 이것들에 운동량, 각운동량, 에너지, 열, 질량 따위를 매김으로써 그 변화를 추적한다. 이렇게 하여 자연과학 전체가 짜인다.

상대성이론이 어떻게 짜였는지 다시 되돌아보는 것이 좋겠다. 아인슈타인은 1905년 논문 「움직이는 물체의 전자기학」에서 "전자기학과 광학의 동일 법칙들은 역학 방정식이 잘 지켜지는 모든 관성계에서 타당할 것이다"를 "공준"으로 요청하면서 이것을 "상대성 원리"라고 했다. 그는 애초 자기 이론이 "불변 이론"으로 불리기를 바랐다. "상대성 원리"라고 한 그의 공준을 처음부터 "불변성 원리"라 불렀다면 더 좋았을 것이다. 나는 이를 "한결의 원리"라고 달리 부르고 있다. 그는 상대성 원리 말고도 "빛이, 광원의 운동 상태에 독립하여, 언제나 확정된 속도를 갖고 진공 속에서 전파된다"는 마이컬슨과 몰리의 실험 사실을 "또 다른 공준"으로 요청한다. 그런 다음 "이러한 두 공준은 운동하는 물체에 대한 단순하고 일관된 전자기학 이론을 얻는 데 충분하다"고 주장했다.

이처럼 상대성이론을 이루는 두 뼈대는 한결의 원리와 광속 불변의 사실이다. "빛의 속도는 초속 3억 미터다"라는 사실은 자연을 보는 틀이나 관점을 바꾸어도 변하지 않는 현상이다. 이는 측정하는 장치나 사람의 안팎 사정에 영향받지 않는 자연 현상이다. 이 불변 사실 또는 불변량은 과학자 사회의 구성물이 아니다. 그것은 말하자면 "자연의 로고스"다. 이것은 어떤 변환에도 아랑곳하지 않고 불변하는 구조가 자연 안에 실제로 있음을 입증하는 경험 사실이다. 빛의 속도가 이를 재는 장치나 사람의 안팎 사정에 아랑곳하지 않는 불변 사실인 한 자연은 실제로 그런 구조를 갖는다. 아인슈타인은 불변 사실을 찾은 다음 이 불변 사실을 보존하는 방식으로 기존 개념들을 바꾸고 그 개념들 사이의 관계를 이끌어냈다. 그는 광속 불변의 사실이 모든 관성계에서 성립하도록 시간, 공간, 속도, 질량 개념을 바꾸었다. 광속 불변의 사실을 함축하지 않는 이론은 합당한 이론이 아니며 그 사실을 측정하지 못하는 측정은 올바른 측정이 아니라는 식으로 경험과 이론 자체를 새로 짤 때 상대성이론이 떠올랐다.

로버트 노직은 2001년 책《불변성들: 객관 세계의 구조》에서 객관성 개념을 이루는 요소들을 다음과 같이 추려냈다. 첫째, 객관 사실은 다른 시간들, 다른 감각기관들, 다른 사람들 등 상이한 각도들에서도 접근될 수 있다. 둘째, 객관 사실에 대해서는 여러 사람들 사이에 의견 일치가 있다. 셋째, 객관 사실은, 사람들의 믿음, 욕구, 희망, 그것에 대한 관찰이나 측정에 독립된 채 성립한다. 넷째, 객관 사실은 다양한 변환에 대해서 불변한다. "빛의 속도는 초속 3억 미터다"와 같은 불변 사실로부터 짜인 상대성이론은 객관 이론이며, 이 이론의 눈으로 본 세계는 객관 세계일 수밖에 없다. 이는 한결의 원리에 따라 짜인 다른 이론들에 대해서도 똑같이 말할 수 있다. 이 원리를 바탕으로 짜인 과학 이론은 반드시 보편성 또는 객관성을 띠게 된다. 한 이론이 이 원리를 어긴다면 그 이론은 개별 과학자에 따라 달라지는 주관 이론이 될 것이다.

"자연 현상은 한결같다"는 한결의 원리는 사물을 기술하는 데 필요한 물리량을 정의하고 그 물리량들 사이의 관계를 다스리는 여러 물리이론을 낳는다. 한 현상을 이 원리에 따라 기술할 수 있다면 그 현상은 물리 현상으로 인정된다. 이 점에서 이 원리는 측정 가능한 현상 곧 우리가 흔히들 "물리 현상"이라 부르는 것의 범위를 한정한다. 고대 자연학자들에게 자연은 일어날 일의 가능성에 제한을 두는 어떤 것이다. 이들 가운데 누군가 자연을 "꾸밈" 곧 "코스모스"라 불렀다. 이오니아의 자연학자들은 자연을 코스모스로 꾸미는 자연의 우두머리를 찾아 나섰다. 피타고라스는 자연을 꾸미는 우두머리를 수들과 그 비례 관계와 도형에서 찾았다. 여기서 비례 관계를 그리스말로 "심메트리아"라 한다. 그는 심메트리아 곧 대칭성을 자연의 우두머리로 여겼다. 그에게 대칭성은 수들 사이의 비례 관계다. 1951년에 나온 《대칭성》에서 헤르만 바일은 대칭성을 "비율들의 조화"라고 뜻풀이했다.

현상들 사이 또는 물리량들 사이의 비례 관계를 나타내는 또 다른 낱말은 "로고스"다. 고대 자연학자들은 우리가 어떤 마음가짐으로 자연을 본다 하더라도 그 로고스가 한결같다고 믿었다. 자연학자들은 어떠한 창을 거쳐 세계를 보더라도 비율 구조가 똑같이 드러나는 방식으로 세계를 기술해야 했다. 이렇게 세계를 기술할 때 우리가 보게 되는 것이 바로 코스모스다. 코스모스는 자연의 으뜸 원리 곧 한결의 원리에서 벗어나는 것들을 말끔하게 치워버린 세계다. 이것은 자연과학의 코스메틱^{화장품}으로 꾸민 세계다.

우리는 이제 더 높은 시각에서 현상들을 보아야 한다. 우리는 세계에서 벌어지는 현상들을 기술하고 설명하고 예측하려고 세계를 사물들 또는 사건들로 쪼갠다. 그렇게 쪼갠 사물과 사건은 그 자체로 있는 사물이 아니다. 우리가 현상들의 변화를 추적하려고 상정한 것이다. 우리는 그렇게 쪼갠 것들이 서로 인과관계를 맺고 있는 양 말한다. 자연과학은 나름의 방식으로 세계를 물리 사건들과 사물들로 쪼갠 다음 이것들을 인과관계의 관계

항들로 상정한다. 자연법칙은 물리량들을 관련짓고 그 변화를 기술하고 예측한다. 우리는 개별 인과작용을 자연법칙의 한 보기로서 이해한다. 하지만 자연 사물들이 자연과학이 말하는 그런 방식으로 서로 인과관계를 맺는다는 주장은 그 자체로 시퍼런 사실이 아니다. 오히려 한결의 원리라는 메타뷰포인트^{metaviewpoint} 덕분에 우리가 믿게 된 믿음직한 믿음일 뿐이다. 현상들이 한결같은 모습을 드러낸다는 원리를 바탕으로 물리량, 물리량들의 관계로서 자연법칙, 그 법칙의 한 보기로서 인과관계, 인과관계의 관계항이며 물리량을 갖는 물체들 따위가 상정되었다. 한결의 원리로 세계를 바라봄으로써 비로소 물체들의 세계, 물리계, 자연계, 자연, 코스모스가 우리에게 나타났다.

하지만 자연은 세계의 한 측면이다. 세계를 물리 사물과 사건으로 쪼개는 것은 세계를 쪼개는 여러 가능한 방식들 가운데 하나일 뿐이다. 전체로서 우리 세계는 물리 재료들의 단순한 총합이 아니다. '전체 세계'가 그 자체로 물리 세계라고 단정해서는 안 된다. 한결의 원리를 바탕으로 세계를 측정하여 세계를 쪼개는 것이 유일한 방식이라고 볼 까닭이 없다. 세계를 쪼개고 갈래짓고 추리는 다른 방식이 있을 수 있다. 나는 현상들의 변화를 추적하는 다른 방법이 있다고 믿는다. 나는 그것을 "해석"이라 부른다. 해석은 측정과 전혀 다른 방식으로 세계를 바라보고 세계를 쪼갠다. 측정과 자연과학은 세계를 측정할 수 있는 물리 현상들이 출몰하는 곳으로, 물리계로, 자연으로, 코스모스로 꾸민다. 반면 해석과 인문사회과학은 세계를 해석할 수 있는 지향 현상들이 출몰하는 곳으로, 지향계로, 의미의 세계로, 코뮌으로 가꾼다.

04.

해석

측정은 사물의 물성을 알아내는 과학 방법이다. 자연과학은 주로 측정의 방법으로 믿음직한 믿음을 얻는다. 반면 인문사회과학은 저 나름의 방법을 가져야 한다. 과학 방법에 추론과 측정밖에 없다면 사람을 다루든 사회를 다루든 인문사회과학은 자연과학의 모습을 띨 수밖에 없다. 이 장은 인문사회과학의 고유방법을 다룬다. 그것은 해석의 방법이다. 해석은 사물의 심성을 알아내는 과학 방법이다.

0401. 인문사회과학

모든 과학이 공통으로 쓰는 방법이 있다. 무엇보다 과학들은 앎의 내용을 문장이나 명제로 표현한다. 등식, 부등식, 방정식은 기호나 수식으로 표현된 문장일 뿐이다. 그 다음 그러한 명제들 사이에 논리 관계를 따지는 추론의 방법을 쓴다. 이런 추론에서 수학 계산을 쓰기도 하지만 이것은 수리 추론의 일종일 뿐이다. 추론에는 반드시 추론과 아마도 추론이 있다. 무슨 과학이든 통계 일반화나 가설연역법을 쓸 수 있고 관찰이나 실험의 도움으로 가설을 검증할 수 있다. 명제를 써서 추론하는 방법은 모든 과학이 함께 쓰는 공통 방법이다.

    자연과학은 한결의 원리에 바탕을 둔 측정의 방법을 쓴다. 자연과학의 대상들이 갖는 속성은 그것이 화학 속성이든 생물학 속성이든 측정의 방법에 따라 기술돼야 한다. 측정 과정이 한결의 원리를 따르지 않는다면 측정된 속성을 대상의 물성이라 할 수 없다. 따라서 측정의 방법은 자연과학의 고유방법이다. 여기서 '고유방법'이란 해당 과학 분야에서만 쓸 수 있는 방법이 아니라 해당 과학을 특징짓는 방법을 뜻한다. 자연과학의 고유방법 덕분에 자연과학의 개념들이 정의될 수 있었다. 자연과학이 저만의 방법을 갖고 있음을 의심하는 이는 드물다.

하지만 인문과학과 사회과학에 고유방법이 있음을 의심하는 이는 매우 많다.

20세기 전후 사회과학이 크게 성장할 때 막스 베버, 칼 만하임, 막스 셸러는 사회과학의 본모습을 드러내려 애썼다. 20세기 초 철학자들은 자연과학과 다른 새로운 탐구로 현상학, 해석학, 비판이론, 언어분석 같은 철학을 제안했다. 이들이 애를 썼음에도 인문과학과 사회과학 탐구에서 널리 쓰일 인문사회과학 방법은 아직 충분히 성찰되지 못했다. 요즘 인문사회과학은 주로 자연과학의 방법을 빌려 그 과학성을 인정받으려 한다. 자연과학이 크게 성공했기 때문에 과학자들은 탐구 대상이 사람이든 사회든 여기에 자연과학 방법을 쓰기만 하면 새로운 앎들이 나올 수 있는 양 쉽게 가정했다. 예컨대 방사성 탄소 연대 측정법은 역사 유물의 연대를 추정하는 매우 탁월한 자연과학 방법이다. 이 방법을 문헌학, 역사학, 고고학, 인류학에 쓰는 일은 과학의 올바른 길이다. 하지만 그러한 연대 측정법을 쓰는 일이 역사과학의 고갱이를 이룰 수는 없다. 마찬가지로 음성학과 음운론이 해부학과 음향학의 측정 결과를 쓰는 것은 과학의 올바른 길이다. 하지만 그 일이 언어과학의 본모습을 이루지는 못한다.

이 점은 인문사회과학의 다른 탐구에 대해서도 똑같이 말할 수 있다. 사회 현상을 연구할 기존 자료를 여론조사나 통계조사를 거쳐 마련하곤 한다. 하지만 그렇게 자료를 수집하여 추론하는 일이 사회과학의 모든 것은 아니다. 자연과학 사실을 가져와 인문사회 담론을 만드는 일도 인문사회과학 연구의 고갱이가 아니다. 자연과학 담론에서 애써 벗어나려는 인문과학자들은 "인문학"이라는 이름을 써서 자기 학문의 과학성을 오히려 뒤로 감추거나 부정하곤 한다. 인문학이 문학이나 예술에 머물러야 한다는 리처드 로티의 생각은 인문학을 튼튼히 세우기보다 오히려 허문다.

많은 이들은 자연과학과 인문사회과학의 차이가 단순히 탐구 대상의 차이일 뿐이라고 말한다. 인문과학은 사람을 다루고 사회과학은 사회를 다룬다는 것이다. 하지만 자연과학도 사람과 사회를 다룬다. 다만 자연과학은 사람을 물체로 다루고, 사회를 물체들의 무리로 다룰 뿐이다. 자연과학과 인문사회과학의 차이는 단순히 탐구 대상의 차이가 아니다. 그 대상을 어떤 방법을 써서 기술하느냐가 자연과학과 인문사회과학 사이에 놓인 더 중요한 차이다. 만일 몇몇 인문학 분야들이 과학이고 그것이 자연과학과 다르다면 그 인문과학은 자연과학의 측정 방법과는 다른 방법을 써야 한다. 만일 사회과학이 과학이고 그것이 자연과학과 다르다면 그것은 저만의 과학 방법을 지녀야 한다. 인문과학은 개별 인간 신체와 그 신체 운동의 자연과학이 아니다. 사회과학은 인간 군집과 그 군집 운동의 자연과학이 아니다. 인문과학은 사람됨의 과학이어야 하며 사회과학은 공동체의 과학이어야 한다. 사람됨과 공동체성은 측정의 방법으로 드러나지 않는다.

인문사회과학은 사람들이 드러내는 움직임을 탐구한다. 사람의 움직임을 "함" 또는 "행위"라 한다. 행위는 거동이나 행동과 구별되어야 한다. 사람의 움직임, 거동, 행동에는 의도가 있을 수 있고 없을 수 있다. 사람 말고 다른 풀, 나무, 벌레, 짐승이 의도를 갖는지 갖지 않는지 의견이 여러 가지로 나뉜다. 나는 이들이 의도를 갖지 않는다고 생각한다. 하지만 이 생각을 다루는 것은 이 책의 주제가 아니다. 나는 적어도 "사람은 의도를 갖는다"고 가정한다. 나는 '행위'를 의도를 가진 움직임, 거동, 행동으로 뜻매김한다. 모든 행위는 의도 행동이고 모든 의도 행동은 행위다. 표현 "의도 행위"는 군더더기가 있는데 그냥 "행위"와 뜻이 같다. 내 생각에 물체는 의도를 갖지 않기 때문에 물체는 행위할 수 없다. "의도"와 비슷한 낱말로는 "뜻" "의미" "의향" "지향" "동기" "이유" "까닭" 따위가 있다.

행위는 시공간 안에서 경험할 수 있는 사건이지만 우리는 이 사건을 단순한 물리 사건으로 이해하지 않는다. 우리는 행위를 물리 사건과 다른 방식으로 설명한다. 이른바 행위이론은 행위를 설명하는 이론이다. 내가 방금 "행위이론"이라 쓴 것은 다른 이들이 "결심이론"이라 부르는 것이다. 우리는 행위자가 그렇게 행위할 이유를 가졌기 때문에 그렇게 행위했다고 말한다. 행위이론에서 행위의 이유들은 행위자의 믿음과 바람이다. 행위자의 믿음과 바람은 그의 여러 선택 가능한 행위들 가운데 한 행위를 결정짓는다. 행위이론은 행위의 이유들이 곧 행위의 원인이라고 가정한다. 따라서 행위이론에 따르면 행위자의 믿음과 바람은 그의 행위를 일으킨다. 행위이론은 행위자가 그렇게 믿고 그렇게 바랐기 때문에 그런 행위를 했다고 설명한다. 나아가 그런 믿음을 갖고 그런 바람을 갖는다면 그렇게 행위할 것이라고 예측한다.

행위이론은 한 행위자 또는 행위자들의 모임이 무슨 까닭에서 행위하는지를 설명한다. 행위자가 이런 믿음들을 가졌고 저런 바람들을 가졌기 때문에 그렇게 행위했다고 설명한다. 행위이론은 인문과학의 바탕 이론이다. 한편 행위자들의 협력과 경쟁을 다루는 이론이 있다. 그것은 흔히들 "게임이론" 또는 "전략이론"으로 불리는 이론이다. 이를 처음부터 "사회이론"으로 부르지 않은 것이 아쉬운데 나는 "게임이론"을 "사회이론"으로 부르려 한다. 행위자들의 사회에서 벌어지는 다툼과 도움을 설명하고 예측할 때 사회과학자들은 사회이론을 쓴다. 내 생각에 사회이론은 사회과학의 바탕 이론이다. 사회이론에서 참여자들은 보수 또는 삯 때문에 서로 돕거나 서로 다툰다. 이 삯은 믿음과 바람을 가진 행위자들만이 파악할 수 있는 사회 구성물이다.

자연과학자들은 신경생리학의 관점에서 믿음과 바람을 다룬다. 그들은 믿음과 바람을 골이나 신경 또는 몸에서 측정할 수 있는 물리 상태로 여긴다. 하지만 믿음과 바람은 행위자가 명제를 향해 갖는 태도다. 명제는 물질도 아니고 에너지도 아니다. 명제는 그 자체로 뜻을 지녔다. 명제는 참과 거짓의 평가를 받도록 구조화되어 있다. 이 구조는 알갱이와 알갱이의 결합이 아니다. 이 구조는 명제와 명제 사이의 말길 관계에서 비롯된다. 말길 관계는 측정으로 드러나지 않으며 다만 해석으로 드러난다. 이 때문에 명제 태도들은 측정장치로 측정되지 않는다. 그 어떤 최첨단 측정장치를 쓴다 하더라도 우리 몸 안에서는 한 톨의 믿음도 한 줌의 바람도 검출할 수 없다. 다른 이가 무슨 명제를 믿으며 무슨 명제를 바라는지 알려면 해석 과정을 거쳐야 한다. 어려운 말을 쓰자면 명제 태도는 그저 해석의 구성물일 뿐이다.

과학 이론은 품목 ㄱ이 있다고 가정함으로써 주어진 현상을 설명하고 예측한다. 과학 이론이 가정한 품목 ㄱ을 "이론의 구성물" 또는 "이론의 상정체"라 한다. 예컨대 쿼크나 중력자는 입자물리학의 구성물이다. 입자물리학은 쿼크 때문에 이런저런 물리 현상이 생기고 중력자 때문에 이런저런 물리 현상이 생긴다고 주장한다. 입자물리학이 현상을 잘 설명하는 만큼 그 구성물은 실재성을 갖는다. 여기서 '실재성'은 현실 세계에서 인과성을 갖는 정도를 말한다. 이처럼 한 품목이 이론의 구성물이라는 사실은 그 품목이 허구라는 것을 뜻하지 않는다. 마찬가지로 믿음과 바람이 해석의 구성물이라는 말은 그것들이 허구라는 것을 뜻하지 않는다. 행위이론과 사회이론은 행위자의 믿음과 바람 때문에 이런저런 행위가 생겼다고 주장한다. 이 이론들은 믿음과 바람이 행위를 일으키고 사회 변화를 일으킨다는 가설을 중심 교의로 받아들인다. 이처럼 믿음과 바람은 행위이론과 사회이론의 구성물이다. 이 이론들이 현상을 잘 설명하는 만큼 믿음과 바람도 실재성을 갖는다.

행위이론과 사회이론은 믿음직함, 바람직함, 삶 따위에 수를 준 뒤에 행위의 좋음을 셈한다. 물리학이나 생물학 같은 자연과학에서도 때때로 행위이론과 사회이론을 쓴다. 이 사실들 때문에 행위이론과 사회이론을 자연과학 이론으로 착각하는 이들이 많다. 만일 행위이론과 사회이론이 행동주의에 바탕을 두었다면 이 이론들은 자연과학 방법을 쓴 셈이다. 하지만 두 이론은 행동주의에 바탕을 두지 않는다. 행동주의는 크게 두 가지를 가정한다. 첫째, 행동은 그저 신경생리 사건의 결과일 뿐이다. 둘째, 행동에 심성의 모든 것이 나타난다. 행위이론과 사회이론은 두 가정 모두를 받아들이지 않는다. 행동주의는 의도 행동과 비의도 행동을 가르지 않지만 행위이론과 사회이론은 둘을 가른다. 행위이론과 사회이론은 비의도 행동을 설명하는 데 관심이 없다. 다만 행위 곧 의도 행동을 설명하는 데만 관심이 있다. 이 이론들은 믿음과 바람 때문에 행위가 야기된다고 가정한다. 이 가정을 바탕으로 행위를 해석하여 행위자의 믿음과 바람을 알아낸다. 이 이론들은 행위에 심성의 모든 것이 나타난다고 가정하지 않는다.

행위이론과 사회이론은 믿음과 바람이 신경생리 사건일 뿐이라는 물리주의와는 아무런 관련이 없다. 생명과학에서 세포나 유전자가 믿음과 바람을 갖는다고 말하는 것은 알아듣기 쉽도록 말하는 은유법에 지나지 않는다. 그것을 진지하게 말하는 것은 자연과학의 탐구 방법이 아니라 현대 애니미즘의 일종이다. 자연과학의 방법만 고집한다면 과학자는 생물과 자연환경의 상호작용을 순전히 물리 상호작용으로 해명해야 한다. 자연과학은 힘, 운동량, 포텐셜, 에너지, 엔트로피 따위로 물체들의 움직임을 설명해야지 그것을 믿음, 바람, 삶, 가치 따위로 설명해서는 안 된다. 진화과학이 자연과학인 한 그 과학은 진화 과정을 그것들로 설명하지 않도록 삼가야 한다.

0402. 행위이론과 사회이론

아르노와 니꼴이 1662년에 쓴 《논리 곧 생각의 기술》에 이런 문구가 나온다. "좋은 것을 얻고 나쁜 것을 피하기 위해 우리가 무엇을 해야 하는지 판단하려면, 무엇이 좋은 것이고 나쁜 것인지 생각해야 한다. 이뿐만 아니라 그 일이 일어나거나 일어나지 않을 개연성도 생각해야 한다." 이 문구는 좋은 행위를 하기 위해 필요한 것이 두 가지라고 말한다. 첫째, 그 행위로 생기는 결과가 얼마큼 나에게 바람직한지를 따진다. 둘째, 그러한 결과가 일어나리라고 얼마큼 믿을 수 있는지를 따진다. 이 둘을 함께 생각하는 일을 "숙고" 또는 "곰곰이 생각함"이라 한다. 아르노와 니꼴의 이 문구는 현대 행위이론의 출발점이 되었다.

  행위자는 좋은 행위를 하고 싶고 나쁜 행위를 하기 싫다. 행위자는 거의 언제나 자기에게 또는 다른 이에게 바람직한 결과를 빚는 좋은 행위를 하려는 의도를 갖는다. 나는 "좋다" "선하다" "착하다"를 행위에 붙이는 풀이말로 쓰겠다. "선한 의지" 또는 "선의"는 '좋은 행위를 하려는 의도'로 이해하면 되겠다. 참과 거짓을 따지는 일이 객관성의 영역이듯이 좋음과 나쁨을 따지는 일도 객관성의 영역이다. 하지만 한 문장에 "참이다"를 붙이는 것은 개인의 마음이고 한 행위에 "좋다" "선하다" "착하다"를 붙이는 것도 개인의 마음이다. 그가 그렇게 "참이다"를 붙였지만 그 문장은 거짓일 수 있고 그가 그렇게 "좋다"를 붙였지만 그 행위는 나쁠 수 있다. 행위자의 '선한 의지' 또는 '선의'는 바라지 않은 결과를 빚어 나쁜 행위가 될 수도 있다. 하지만 행위자는 자기가 좋다고 생각하는 행위를 하려 한다.

행위자가 스스로 좋다고 생각하는 행위를 하려 한다고 가정하지 않는다면 그가 왜 그렇게 행위했는지를 이해할 길이 없다. 행위자는 좋은 행위를 하려고 자신이 정확히 예측할 수 없고 통제할 수 없는 상황들 속에서 자기 행위가 빚어낼 여러 결과를 견주어 본다. 토머스 베이즈는 1763년 「우연 원리로 문제 풀기」에서 곰곰이 생각하기의 틀을 만들었다.

- 믿음직함: 나는 앞으로 무슨 일이 벌어지리라 믿는가?
- 바람직함: 나는 무슨 결과가 벌어지기를 바라는가?

} 마음먹음: 가장 좋은 행위를 고름

여기서 "믿음직함"을 다른 말로 "신념도" "개연도" "확률"이라 하고 "바람직함"을 다른 말로 "소망도" "효용"이라 한다. 믿음직함과 바람직함은 행위자 자신이 가늠한 값이기에 이 값은 행위자마다 다를 수 있다.

예컨대 한 행위자가 자신이 행위 A를 한다면 상황

X에서 결과 ㄱ이 빚어지고 상황 Y에서 결과 ㄴ이 빚어진다고 생각한다. 그는 자신이 행위 B를 한다면 상황 X에서 결과 ㄷ이 빚어지고 상황 Y에서 결과 ㄹ이 빚어진다고 생각한다. 그는 자신이 A를 하는 것이 좋은지 B를 하는 것이 좋은지 곰곰이 생각한다.

관련 상황 선택할 행위	X	Y
A	ㄱ	ㄴ
B	ㄷ	ㄹ

행위자가 여러 선택지 가운데 한 행위를 고르게 되는 원인·동기·이유·까닭은 크게 두 가지다. 하나는 그가 믿는 것이고 다른 하나는 그가 바라는 것이다. 행위자는 상황 X가 벌어질지 상황 Y가 벌어질지 모르는 가운데 행위 결과들이 어느 정도의 가능성으로 일어날 것 같은지 가늠한다. 그는 이를 가늠하여 각 행위 결과의 믿음직함을 매긴다. 그다음 행위자는 행위 결과들이 얼마큼 바람직한지를 가늠하여 각 행위 결과의 바람직함을 매긴다.

    행위자는 곰곰이 생각하여 다음과 같이 믿음직함과 바람직함을 매길 것이다.

믿음직함

ㄱ. a	ㄴ. b
ㄷ. c	ㄹ. d

바람직함

ㄱ. e	ㄴ. f
ㄷ. g	ㄹ. h

믿음직함은 0과 1 사이 값을 준다. 행위 A를 한다면, ㄱ이 일어나거나 ㄴ이 일어난다. "ㄱ이 일어나거나 ㄴ이 일어

난다"의 믿음직함은 1이다. ㄱ과 ㄴ이 한꺼번에 일어나지 않는다면, "ㄱ이 일어난다"의 믿음직함과 "ㄴ이 일어난다"의 믿음직함을 더하면 1이 되어야 한다. 만일 "ㄱ이 일어난다"가 "ㄴ이 일어난다"보다 더 믿음직하다면, a는 b보다 크다. 만일 "ㄱ이 일어난다"가 "ㄴ이 일어난다"보다 덜 믿음직하다면, a는 b보다 작다. 마찬가지로 "ㄷ이 일어난다"의 믿음직함과 "ㄹ이 일어난다"의 믿음직함을 더하면 1이 되어야 한다. 만일 "ㄷ이 일어난다"가 "ㄹ이 일어난다"보다 더 믿음직하다면, c는 d보다 크다. 바람직함은 바라는 일일수록 높은 값을 주고 바라지 않는 일일수록 음수를 써서라도 낮은 값을 준다. ㄱ, ㄴ, ㄷ, ㄹ 가운데 행위자가 가장 바라는 결과에 가장 높은 값을 주고 가장 바라지 않는 결과에 가장 낮은 값을 준다. 이제 행위 A의 좋음은 $ae+bf$로 계산되고, 행위 B의 좋음은 $cg+dh$로 계산된다. 둘 가운데 큰 값이 더 좋은 행위다. "더 좋은 행위를 해야 한다"는 원칙을 "베이즈 원칙"이라 한다. 행위자는 행위 A가 좋은지 행위 B가 좋은지 따져 본 뒤 베이즈 원칙에 따라 더 좋은 행위를 하기로 마음먹는다.

  행위이론은 행위자에게 믿음과 바람을 준 뒤 그의 믿음과 바람이 그 행위를 일으켰다는 식으로 행위를 설명한다. 이것은 물체에게 여러 가지 물리량을 준 뒤 그 물리량 때문에 물체가 이런저런 운동을 한다는 식으로 물체의 운동을 설명하는 것과 같다. 한편 다른 믿음과 다른 바람을 갖는 여러 행위자가 서로 겨루거나 서로 도울 때 이른바 '사회 현상'이 생긴다. 행위자들이 빚어내는 사회 현상들 때문에 '사회'가 하나의 실체로서 떠오른다. 행위는 본디 나 홀로 생기지 않고 너와 그들과 함께 생긴다. 따라서 행위하는 개체가 생길 즈음 이미 사회가 있었다. "나는 행위한다"를 내가 믿게 되자마자 나는 다른 사람이 이미 거기에 있음도 깨닫게 된다. 아무튼 사회이론은 도움과 겨룸, 협력과 경쟁의 사회 현상을 설명한다. 상대방의 행위를 염두에 두면서 가장 좋은 행위를 고르려고 골똘히 머리 쓰는 일을 "꾀" 또는 "전략"이라 한다. 믿음과 바람을 갖는 행위자들은 자신들이 받을 삯을 바탕으로 무슨 행위를 하는 것이 나은지 꾀를 쓴다. 사회이론의 '삯'은 행위이론의 '바람직함'과 비슷하다.

내가 "사회이론"이라 한 것은 다른 학자들이 "게임이론" 또는 "전략이론"이라 부르는 것과 같다. 이 이론이 사회과학의 핵심 이론으로 떠오른 것은 1944년 폰 노이만과 오스카 모겐스턴이 《게임이론과 경제 행동》을 출판하고부터다. 제2차 세계대전 이후 미국 공군의 계획에 따라 핵전쟁 전략을 연구하려고 '랜드'라는 연구소 겸 회사가 세워졌다. 랜드는 폰 노이만의 게임이론을 재빠르게 받아들였고 그를 자문교수로 불러들였다. 1950년에 랜드의 연구원들은 앨버트 터커가 나중에 '죄수의 딜레마'라 부르게 되는 야릇한 게임을 고안했다. 이것은 '20세기 후반 사회과학에서 가장 영향력 있는 1쪽'이 된다. 같은 해에 존 내쉬는 「N인 게임에서 균형점」을, 다음 해에는 「비협조 게임」을 발표했다. 이후 게임이론은 노벨 경제학상의 단골손님이 되었다. 최근에는 경제학뿐만 아니라 생물학이나 윤리학 및 인공지능에까지 확장 및 응용된다.

예컨대 나나와 다다는 행위 A, B, C를 놓고 무엇이 자기에게 도움이 되는지 꾀를 쓴다. 아래 모눈을 "보수표" 또는 "삯 모눈"이라 한다. 각 모눈의 순서쌍에서 왼쪽 값은 나나의 삯이고 오른쪽 값은 다다의 삯이다.

		다다		
		A	B	C
나나	A	(55, 45)	(30, 70)	(50, 50)
	B	(75, 25)	(50, 50)	(70, 30)
	C	(50, 50)	(25, 75)	(45, 55)

만일 나나가 A를 고르고 다다가 A를 고른다면 나나는 55의 삯을 받고 다다는 45의 삯을 받는다. 나나가 C를 고르고 다다가 B를 고른다면 나나는 25의 삯을 받고 다다는 75의 삯을 받는다.

나나는 다음과 같이 추론한다.

1. 다다는 A나 B나 C를 고른다.
2. 만일 다다가 A를 고른다면, 내가 B를 고르는 것이 나에게 가장 큰 삯을 안겨준다.
3. 만일 다다가 B를 고른다면, 내가 B를 고르는 것이 나에게 가장 큰 삯을 안겨준다.
4. 만일 다다가 C를 고른다면, 내가 B를 고르는 것

이 나에게 가장 큰 삯을 안겨준다.

따라서 다다가 어느 행위를 고르든, 나의 세 행위 가운데 B는 나에게 가장 큰 삯을 안겨준다.

나나의 추론은 마땅할 뿐만 아니라 튼튼하다. 나나에게는 '상대편이 어느 행위를 고르든, 자신의 모든 행위 가운데 자신에게 언제나 제일 좋은 하나의 행위'가 있다. 그것은 바로 B다. 다다도 마찬가지로 추론한다. 그에게도 '상대편이 어느 행위를 고르든, 자신의 모든 행위 가운데 자신에게 언제나 제일 좋은 하나의 행위'가 있다. 그것은 바로 B다.

만일 다른 행위자가 어느 행위를 고르든 한 행위 A가 다른 행위 B보다 본인에게 더 많은 삯을 준다면, 행위 A는 행위 B보다 "우월하다" 또는 "낫다"고 말한다. 행위자의 한 행위 D가 그의 다른 모든 행위보다 우월하다면, 행위 D를 "우월전략"이라 한다. 게임에서 모든 행위자가 우월전략을 갖고 또한 그들이 우월전략을 고른다면 이들은 균형에 이른다. 이 균형을 "우월전략 균형"이라 한다. 여기서 "균형"이란 '안정되고 예측할 수 있는 두 행위자의 상호작용'을 말한다. 이 정의에 따르면 나나는 우월전략을 가지며 그것은 B를 고르는 것이다. 다다도 우월전략을 가지며 그것은 B를 고르는 것이다. 이들이 자신들의 우월전략을 행사한다면 이들은 우월전략 균형에 이른다. 그들은 둘 다 B를 고르고 각자 50의 삯을 얻을 것이다.

앨버트 터커는 '죄수의 딜레마'에서 각 행위자가 우월전략 균형에 이르렀지만 그들이 얻을 삶이 오히려 매우 나쁠 수 있음을 보여주었다. 앨과 밥은 테러 용의자로 구치소에 갇혀 있다. 이들은 자신들의 범행을 털어놓거나 털어놓지 않는다. 앨과 밥의 삶 모눈은 다음과 같이 주어졌다.

		밥	
		털어놓는다.	털어놓지 않는다.
앨	털어놓는다.	(5년 징역, 5년 징역)	(풀려남, 20년 징역)
	털어놓지 않는다.	(20년 징역, 풀려남)	(1년 구속, 1년 구속)

앨과 밥은 따로 떨어져 있는데 각자 어떻게 하는 것이 나을지 머리를 쓴다. 앨은 이렇게 추론한다. "밥은 털어놓거나 털어놓지 않는다. 만일 밥이 털어놓는다면, 털어놓는 것이 나에게 더 낫다. 만일 밥이 털어놓지 않는다면, 털어놓는 것이 나에게 더 낫다. 따라서 밥이 어떻게 하든 상관없이 털어놓는 것이 나에게 더 낫다." 털어놓는 것은 앨에게 우월전략이다. 마찬가지로 털어놓는 것은 밥에게도 우월전략이다. 따라서 이들은 우월전략 균형에 이르게 된다. 이때 이들이 얻을 삶은 둘 다 5년 징역을 사는 것이다.

앨과 밥은 상의할 수 없고 협조할 수 없었다. 만일 이들이 서로 이야기하여 서로를 도울 수 있었다면 이들은 끝까지 범행을 털어놓지 않았을 것이다. 사회의 행위자들이 자신들이 어떤 행위를 고를지 이야기하고 서로를 도와 이르게 되는 행위의 짝과 삯을 "협조 해"라 한다. 앨과 밥의 협조 해는 둘 다 털어놓지 않아 1년 갇히는 것이다. 반면 게임의 행위자들이 서로 이야기 나누지 못하고 서로를 도울 수 없을 때 이르게 되는 행위의 짝과 삯을 "비협조 해"라 한다. 앨과 밥의 비협조 해는 둘 다 털어놓고 5년 징역을 사는 것이다. 협조 해보다 나쁜 우월전략 해를 갖는 게임을 "사회 딜레마"라 한다. 사회의 행위자들이 비협조 상황에서 우월전략 균형에 이르지 않는다면 그들은 사회 딜레마에 빠지지 않는다. 모든 사회 딜레마는 우월전략 균형이 있는 게임이다. 하지만 모든 우월전략 균형이 사회 딜레마를 낳는 것은 아니다. 앨과 밥의 게임은 우월전략 균형이며 사회 딜레마다. 나나와 다다의 게임은 우월전략 균형이지만 사회 딜레마는 아니다.

1950년 존 내쉬는 비록 게임의 참여자들에게 우월전략이 없다 하더라도 그들이 균형에 이를 수 있다고 주장했다. 그가 새로 찾은 균형을 "내쉬 균형"이라 한다. 라라와 마마가 A, B, C 가운데 무슨 행위를 할지 궁리하는데 그들이 얻을 삯은 다음과 같다.

		마마		
		A	B	C
라라	A	(70, 70)	(40, 80)	(30, 60)
	B	(80, 40)	(60, 60)	(40, 70)
	C	(60, 30)	(70, 40)	(50, 50)

이 게임에서 라라와 마마는 둘 다 우월전략을 갖지 않는다. 따라서 이들은 우월전략 균형에 이를 수 없다. 하지만 이들은 내쉬 균형에는 이를 수 있다. 사회의 모든 행위자들이 다음 조건을 만족할 때 이들은 내쉬 균형에 이른다.

> 상대 행위자가 자신이 고른 행위를 지킬 때, 본인이 자기 행위를 다른 행위로 바꾼다 하더라도 본인은 바꾸기 전보다 더 많은 삯을 챙길 수 없다.

라라와 마마가 둘 다 A를 고르는 상황을 생각해 보자. 마마는 자기 행위를 B로 바꾼다면 그의 삯은 70에서 80으로 늘어난다. 이것은 라라와 마마가 둘 다 A를 고르는 것이 내쉬 균형이 아님을 뜻한다. 라라가 A를 고르고 마마가 B를 고르는 것도 내쉬 균형이 아니다. 라라가 A에서 C로 바꾼다면 그의 삯은 40에서 70으로 늘어난다. 하지만 라라와 마마가 둘 다 C를 고르는 것은 내쉬 균형이다. 한쪽이 자기 행위를 바꾸면 바꾼 사람은 바꾸기 전보다 더 적은 삯을 얻는다. 사회의 행위자들이 이곳에 이르면 그들 어느 쪽도 자기 행위를 바꾸지 않으려 할 것이다. 이 상황이 바로 내쉬 균형에 이른 상황이다.

게임에서 우월전략 균형은 오직 하나밖에 없다. 하지만 내쉬 균형은 여럿일 수 있다. 아래 바바와 사사의 게임에서 바바가 A를 고르고 사사가 B를 고르는 것은 내쉬 균형이다. 또 바바가 B를 고르고 사사가 A를 고르는 것도 내쉬 균형이다.

		사사		
		A	B	C
바바	A	(10, 10)	(15, 12)	(20, 6)
	B	(12, 15)	(8, 8)	(40, 6)
	C	(6, 20)	(6, 40)	(4, 4)

내쉬 균형이 여럿일 때는 골칫거리다. 이 경우 어느 균형이 더 일어날 가능성이 큰지 가늠해야 한다. 이를 가늠할 실마리가 행위자들에게 알려져 있다면 그들은 그쪽을 고른다. 이처럼 게임에 2개 이상의 내쉬 균형이 있고, 실마리가 있어 행위자들이 다른 균형들에 견주어 어느 한 균형의 실현 가능성이 더 크다고 믿는다면, 그들은 실현 가능성이 큰 균형에 이른다. 이러한 내쉬 균형을 "셸링점" 또는 "초점"이라 한다. 지금까지 나는 행위이론과 사회이론을 짧게 간추렸다. 나는 두 이론을 모아 "해석이론" 또는 "해석의 방법"이라 부르겠다.

0403. 해석과 심성

지우는 아침에 우산을 들고 집을 나섰다. 우리는 지우 몸의 이 움직임을 자연과학 방법으로 설명하고 예측해도 된다. 하지만 우리가 지우의 움직임을 지우의 의도 행위로 여긴다면 자연과학 방법은 오히려 지우의 움직임을 설명하는 데 걸림돌이 된다. 행위이론은 지우가 드러낸 현상을 다른 방식으로 설명한다. 이 이론에 따르면 지우의 움직임을 일으킨 원인은 지우 몸의 신경생리 사건이 아니다. 그 움직임의 원인은 지우가 그렇게 움직여야 했던 그의 동기다. 그의 동기·의도·이유란 지우가 믿는 것들과 그가 바라는 것들이다. 예컨대 지우는 오늘 비가 온다고 믿으며 지우는 자기 몸이 비에 젖지 않기를 바란다. 이처럼 행위이론은 지우의 믿음과 바람을 가져와 지우가 우산을 들고 집을 나서는 현상을 설명한다. 나아가 행위이론은 비가 오는 날 지우가 우산을 들고 집을 나서리라 예측한다. 이 예측이 언제든 맞는 것은 아니겠지만 지우의 믿음과 바람을 아는 만큼 지우의 행위를 더 잘 예측할 것이다.

행위이론은 행위자에게 이유들을 줌으로써 행위자의 행위를 설명하고 예측한다. 이 이론에 따르면 행위의 이유는 행위의 원인이다. 행위이론은 행위의 이유로

두 가지 명제 태도를 상정한다. 하나는 믿음이고 다른 하나는 바람이다. 행위이론은 행위자의 믿음과 바람 때문에 그의 행위가 야기되었다고 가정한다. 행위자에게 믿음과 바람을 주는 과정을 "해석"이라 한다. 더 올바른 해석에 이르려면 행위이론뿐만 아니라 사회이론까지 써야 한다. 경쟁이나 협력에 참여하는 행위자는 자신이 얻을 삯을 바탕으로 자기 행위를 고른다. 사회 안에서 행위자들이 무슨 행위를 하는지 겪어봄으로써 해석자는 행위자들의 믿음과 바람을 더 잘 해석한다. 이제부터 행위이론과 사회이론을 모아 "해석이론"이라 부르겠다. 믿음과 바람은 해석이론의 상정물이다. 해석이론은 믿음과 바람 말고도 다른 명제 태도들을 더 많이 상정함으로써 사람의 행위를 설명한다. 온갖 명제 태도들이 행위의 이유가 될 수 있다. 자연과학은 측정의 도움으로 물체에게 물리량을 주지만 인문사회과학은 해석의 도움으로 행위자에게 명제 태도들을 준다. 물리량들은 물체의 물성을 이루고 명제 태도들은 행위자의 심성을 이룬다.

  행위자의 믿음들과 바람들은 그의 마음을 이룬다. "명제 X를 믿음"은 명제 X를 참이라고 여기는 행위자의 마음 상태다. "명제 X를 바람"은 참인지 거짓인지 모르는 명제 또는 거짓이라고 믿는 명제 X가 참이기를 기다리는 행위자의 마음 상태다. 행위자가 명제에 관계하는 이러한 태도를 "명제 태도"라 한다. 명제 태도는 마음씀이다. 주의할 점은 마음씀이 신경씀이 아니라는 점이다.

마음 상태들은 신경생리 상태들과 인과관계를 맺을 수 있지만 마음 상태가 곧 신경생리 상태인 것은 아니다. 명제 태도는 신경생리 상태와 같지 않다. 믿음과 바람뿐만 아니라 두려움이나 뉘우침 따위의 온갖 태도들도 행위자의 마음을 이룬다. 측정은 물체에 '수'와 '단위'를 준다. 똑같은 수 3에 '미터'를 주느냐 '그램'을 주느냐에 따라 다른 물리 속성이 된다. 한편 해석은 행위자에게 '명제'와 '태도'를 준다. 똑같은 명제 "나는 똑똑하다"에 '믿음'을 주느냐 '바람'을 주느냐에 따라 다른 마음 속성이 된다. 해석은 행위자에게 명제 태도를 매기는 과정이며 이 과정을 거쳐 행위자의 심성이 우리에게 드러난다. 데이빗슨은 명제 태도들을 드러내는 과정을 "해석"이라 했다. 해석자는 해석으로 행위자가 품은 명제를 가늠해야 하고 그것이 믿음인지 바람인지 가늠해야 한다.

물리량은 측정 과정의 구성물이다. 이 물리량의 렌즈로 우리는 물체들을 갈래짓고 개별화한다. 측정이론의 도움으로 자연과학은 세계를 전자, 쿼크, 빛알 따위로 쪼갠다. 예컨대 "전자임"은 "질량이 $9.1093826 \times 10^{-31}$kg이고 전하량이 $-1.602176634 \times 10^{-19}$C이고 스핀이 1/2인 사물임"이다. 이처럼 자연과학은 물리 속성을 상정한 뒤 그 속성에 따라 세계를 물체들로 쪼개고 개별화하고 갈래짓는다. 우리는 "김지우는 161cm이고 44kg이다"라고 말함으로써 김지우를 물리 사물로 기술할 수 있다. 이것은 김지우의 몸이 갖는 물리 속성이다. '161cm임', '44kg임'

은 측정이론이 상정하는 물리량이다. 하지만 행위자는 이와 같은 물리 속성만으로 개별화되지 않는다. 개별 행위자는 다른 방식으로, 다른 어휘로, 다른 속성으로 개별화되어야 한다. 세계를 행위자들로 쪼개고 개별화하고 갈래지으려면 우리는 따로 마음 속성을 상정해야 한다.

해석이론의 도움으로 인문사회과학이 상정하는 마음 속성은 명제 태도들이다. 행위자는 "김지우는 '오늘 저녁에 비가 온다'고 믿는다"와 같은 방식으로 기술된다. 김지우가 갖는 명제 태도들 덕분에 그는 행위자로 개별화된다. 행위자의 명제 태도는 측정 과정으로 드러나지 않는다. '오늘 저녁에 비가 온다고 믿음'은 측정 과정의 상정물이 아니며 측정되는 물리량이 아니다. 이 믿음은 해석 과정의 상정물이며 해석되는 마음 속성이다. 행위자가 믿고 바라는 명제들의 전체 꾸러미는 그의 마음을 이룬다. 명제 태도의 렌즈로 우리는 행위자들을 갈래짓고 개별화한다. 비록 매우 엉성하기는 하지만 '마이어스-브릭스 유형 지표' 같은 것은 사람들이 갖는 명제 태도들로 사람들을 열여섯 갈래로 나눈다. 행위자는 해석이론에 따라 개별화된다는 점에서 해석이론이 상정하는 개별자다. 이것은 물체가 측정이론에 따라 개별화된다는 점에서 물체는 측정이론이 상정하는 개별자라는 주장에 견줄 수 있다.

자연주의자들은 측정으로 물리량을 정의하고 물리량에 따라 세계를 물체들로 쪼개고 갈래짓고 개별화하는 것이 세계를 개별화하는 유일한 방식이라고 믿는다. 해석이론가로서 나는 세계를 쪼개고 갈래짓고 개별화하는 다른 방식이 있다고 생각한다. 사물의 개별화는 세계에 본디 나 있는 골과 결에 따라 이뤄진다기보다 개별화하는 이가 갖는 믿음들에 따라 이뤄진다. 무엇보다 믿음을 갖지 않는 이는 사물을 개별화할 수 없다. 행위자 또는 주체는 "나", "여기", "지금", "이", "그", "저" 같은 정신 좌표계를 가짐으로써 믿음을 갖는다. 믿음을 갖는다는 것은 곧 사물과 사건을 놓을 정신 좌표계를 갖는다는 것이다. 예컨대 믿는 이는, '나' 개념을 이미 갖고 있어서, 자신이 지킬인지 하이드인지 헷갈릴 때조차도 "나는 지킬이거나 하이드다"를 믿을 수 있다. 믿는 이는, '여기' 개념을 이미 갖고 있어서, 여기가 서울인지 평양인지 헷갈릴 때조차도 "여기는 서울이거나 평양이다"를 믿을 수 있다. 믿는 이는, '지금' 개념을 이미 갖고 있어서, 지금이 아침인지 저녁인지 헷갈릴 때조차도 "지금은 아침이거나 저녁이다"를 믿을 수 있다. "나", "여기", "지금", "이", "그", "저" 같은 정신 좌표 계는 물리 좌표계와 같지 않다. 아직 무르익지 않은 생각이지만 사람은 감각기관의 도움으로 물리 좌표계와 정신 좌표계를 오가는 것 같다.

    사물화 또는 개체화는 믿음들의 그물 위에서 이뤄진다. 더 넓게 말해 개체화는 명제 태도들의 전체 그물 위에서 이뤄진다. 따라서 행위자가 가진 명제 태도들의 전체 그물은 사물의 개체화에 영향을 준다. 이것은 콰인이 《말과 사물》에서 이미 치밀하게 논증했던 바다. 어린 아이는 말을 배움으로써 조금씩 개별 사물을 추적할 수 있는데 이를 짧게 이야기해 보겠다. 어른은 아이 눈앞에서 돌을 흔들며 "돌"을 거듭 발화한다. 여기서 "어른"은 나이 많은 사람을 뜻하지 않고 뜻하는 바를 이룰 힘을 가진 사람을 뜻한다. 어른의 거듭되는 의도 행위 덕분에 돌의 빛깔 신호와 발화 "돌"의 소리 신호를 맺어주는 회로가 아이의 신경에 생긴다. 타고난 유전자 때문에 아이는 들리는 소리를 흉내 내려는 자연 본능을 지녔다. 아이가 옹알이하다가 돌이 있는 곳에서 "돌" 비슷한 소리를 낼 때 그의 반응은 강화 학습된다. 돌이 없는 곳에서 "돌"을 발화하거나 돌이 있는 곳에서 다른 것을 발화할 때 그의 반응은 약화 학습된다. 물론 이 학습은 자연히 벌어지는 학습이 아니라 의도 아래 이뤄지는 학습이다.

　이 어른이 돌을 흔들고 "돌"을 발화할 때 그는 돌을 이미 개별화하고 있다. 그는 돌이 별개 사물임을 굳게 믿는다. 어디부터 어디까지 언제부터 언제까지가 '그 돌'인지는 그의 믿음 체계에 달려 있다. 하지만 아이는 아직 돌을 개별화하지 못한다. 어른의 얼굴, 오물거리는 입술, 손바닥, 손가락, 흔들리는 팔뚝, 손안의 돌, 그 밖의 장면들 모두가 하나의 복잡한 신호로서 아이에게 주어질 뿐이다. 아이는 어른의 목소리 "돌"과 자신의 옹알이 "돌"을 한 뭉텅이로 들으며, 청각 신호와 시각 신호를 한 뭉텅이로 받아들인다. 하지만 아이는 언젠가 "돌"을 "이것은 돌이다"를 뜻하는 말로 발화한다. 또한 아이는 이 발화가 바깥 객체에 관한 자신의 반응임을 알아차린다. 이를 알아차릴 때 그는 비로소 말하는 이가 되고 믿는 이가 된다. 아이가 믿음을 갖는 것과 개체를 가리키는 것은 함께 벌어진다. 아이가 믿는 이가 되는 과정에 오직 물리 과정만 있다고 가정해서는 안 된다. 지성을 가진 어른이 의도를 갖고 행위하는 사건들이 이미 여기에 끼어들어 있다. 의도나 행위가 한갓 물리 사건일 뿐이라고 가정할 때만 언어 학습에 관련된 모든 일이 한낱 물리 과정일 뿐이라고 주장할 수 있다.

    어른의 도움으로 우리 마음이 차츰 자라면서 우리는 '이' '이것' '이 사물' 개념을 어렴풋이 가진다. 우리는 '이 돌'을 만지고 주위를 돌면서 다른 사물들과 구별한다. 이 과정을 거쳐 우리는 "이 돌" "이 사람" 따위를 이해한다. "이 돌" "이 사람"을 쓸 때 우리는 이미 세계를 사물들로 개별화하고 갈래짓는 셈이다. 우리가 쓴 홀이름^{단칭어} "이 돌"이 어떻게 단일 사물을 가리킬 수 있는가? 여기서 "이"는 주체의 정신 좌표계를 나타내는 말이다. 주체는 주체의 정신 좌표계에 현상들의 꾸러미를 놓은 다음 그 사물에 홀이름을 붙인다. 나아가 주체는 그 사물이 자신과 거리를 두고 떨어져 자신과 다른 주체 사이에 있는 '먼 자극'이라고 믿는다. 이로써 주체는 그 사물을 상호주관 좌표계에 놓인 사물로 여긴다. 현상들의 꾸러미를 '한 사물'로 부르기로 한 주체의 믿음과 바람이 없다면 홀이름은 한 사물을 가리킬 수 없다.

홀이름이 한 사물을 가리킬 수 있는 바탕에는 주체의 세계 분할과 범주화 작용이 놓여 있다. 안타깝게도 홀이름의 지시를 해명하는 이론들 대부분이 주체의 이 작용을 무시한다. 주체는 전체 세계에서 저기부터 거기까지 저때부터 그때까지의 현상들을 '한 사물'로 쪼갬으로써 사물을 개별화한다. 제대로 이름 지으려면 주체는 공간 좌표뿐만 아니라 시간 좌표에서도 현상들을 테두리 지어야 한다. 이 테두리를 정할 때 주체가 가진 명제 태도들이 끼어든다. 낙태를 찬성하는 사람과 반대하는 사람은 언제부터 언제까지를 '한 사람'으로 여길지 논쟁한다. 홀이름 "설리"는 무엇을 가리키는가? 어떤 이는 그가 어머니 뱃속을 나왔을 때부터 죽을 때까지로 잡는다. 다른 이는 수정될 때부터 백골이 진토가 될 때까지로 잡는다. 또 다른 이는 더 길게 태초부터 영원까지로 잡는다. '한 사람'의 테두리를 어디부터 어디까지 언제부터 언제까지로 잡을지는 주체의 믿음과 바람에 달려 있다. "이 돌"이나 "이 사람"이 가리키는 개별자가 세계에 본디 나 있는 골과 결에 따라 골라진 것이 아님을 깨달아야 한다.

세계를 사물들로 쪼개고 갈래짓고 개별화하는 여러 방식이 있다. 그 방식 가운데 하나가 측정이론에 바탕을 두고 세계를 물체들로 쪼개고 갈래짓고 개별화하는 것이다. 이것은 자연과학의 방식이다. 인문사회과학은 세계를 다르게 쪼개고 다르게 개별화한다. 그것은 해석이론에 바탕을 두고 세계를 행위자들로 개별화하는 방식이다. 옛날 사람들은 해나 별을 행위자로 보았다. 이것은 세계를 잘못 쪼개고 개별화한 것이 분명하다. 하지만 이것은 세계를 행위자들로 쪼개고 개별화하는 모든 일이 잘못임을 뜻하지 않는다. 세계를 명제들로 쪼개고 개별화하는 기획은 아직 실패하지 않았다. 자연과학은 내가 태어난 날과 죽는 날을 측정하고 내 키와 가슴둘레를 측정함으로써 나를 테두리짓는다. 내 몸은 일정 공간을 차지하고 일정 시간을 지속한다. 하지만 내 마음은 내 몸의 테두리 안에 갇혀 있지 않다. 왜냐하면 해석이론에 따라 나를 다르게 개체화할 수 있기 때문이다. 내가 가진 명제 태도들을 해석할 때 내 마음은 명제들의 전체 체계 안에서 일정 테두리를 갖는다. 삶은 몸의 삶만 있지 않다. 자람은 몸의 자람만 있지 않다. 마음의 삶이 있고 마음의 자람이 있다. 내 명제 태도, 내 생각, 내 마음은 명제들의 전체 체계 안에서 자란다. 더 깊게 더 높게 더 넓게.

0404. 마음의 힘

해석이론은 몸과 마음이 두 개의 다른 실체라고 주장하지 않는다. "실체"^밑바탕는 '다른 것의 도움 없이 제 홀로 있으며 여러 다른 사물들을 이루는 바탕'을 뜻한다. 나의 해석이론이 받아들이는 실체는, 스피노자의 주장처럼, '전체로서 세계'밖에 없다. 이 실체에서 크게 두 갈래의 사물들이 갈라져 나온다. 하나는 물체들이고 다른 하나는 마음들이다. 물체들은 한결의 원리에 따라 세계를 쪼개고 개체화함으로써 나온 조각들이다. 이 조각들의 모둠이 바로 자연·자연계·물리계·코스모스다. 다른 원리에 따라 세계를 쪼개고 개체화할 때 마음들이 갈라져 나온다.

    사람은 다루기 까다로운 사물이다. 그것은 한 측면에서는 물체지만 다른 측면에서는 마음이다. 한 사람의 테두리는 그 몸의 테두리와 같지 않다. 만일 한 사람의 테두리가 그 몸의 테두리와 같다면 그의 마음은 그 테두리 안에 머물러야 한다. 사람의 마음이 몸 안 어딘가에 웅크리고 있다는 생각은 철학에서도 과학에서도 게으른 생각일 뿐이다. 그와 같은 게으른 생각을 바탕으로 마음이 있다고 말하거나 없다고 말하는 모든 이야기는 막다른 골목에 다다를 것이다. 아우구스티누스와 데카르트가 잘 말했듯이, 마음은, 물체와 달리, 공간에 퍼져 있지 않다. 마음의 테두리는 공간 경계가 아니다. 한 몸과 다른 몸의 다름은 위치 측정 같은 물리량 측정으로 드러난다. 하지만 한 마음과 다른 마음의 다름은 측정이 아니라 해석으로 드러난다. 다른 믿음과 믿음직함, 다른 바람과 바람직함, 다른 두려움, 다른 뉘우침 따위가 다른 마음을 만든다.

"오늘 비가 온다"는 믿음의 내용과 "내 몸이 비에 젖지 않는다"는 바람의 내용은 신경생리 상태가 아니다. 측정으로는 이들 내용을 읽어낼 수 없다. 하지만 사람이 몸의 신경 상태를 아예 갖지 않는다면 사람은 아예 믿을 수 없고 바랄 수 없을 것이다. 우리는 신경 상태와 명제 태도의 관계를 어떻게 이해해야 하는가? 몸과 마음의 관계를 이해하는 나름의 방법은 이를 정보 나르개와 정보의 관계에 빗대는 것이다. 정보 나르개는 물리량을 갖지만 정보는 그렇지 않다. 노버트 위너가 1948년 《사이버네틱스 곧 동물과 기계의 제어와 소통》에서 말했듯이, 정보 내용은 물질이 아니며 에너지도 아니다. 이것은 오늘날 정보과학에서 매우 중요한 통찰이다. 몸은 정보 나르개 노릇을 할 뿐이지 그 자체로 정보인 것은 아니다. 마음을 이루는 명제 태도들은 마치 정보처럼 몸에 실려 있다.

데카르트는 마음이 몸을 떠나 있을 수 있는 양 주장했다. 그의 본뜻을 헤아리지 않은 채 그를 너무 손쉽게 비웃지 않기를 바란다. 그는 몸이 있느냐 없느냐를 묻지 않은 채 마음이 있음을 알 수 있다고 말했다. 마음을 알아내는 해석의 절차는 몸을 알아내는 측정의 절차와 다른 인식 절차다. 자연주의자들 가운데서도 측정과 해석이 서로 다른 인식 절차라는 것을 받아들이는 이들이 많다. 하지만 그들은 여전히 심성이 물성에서 비롯된다고 믿는다. 내가 이러한 자연주의에 반대하는 까닭은 명제의 됨됨이^{본성} 때문이다. 명제 태도는 오직 말길 얼개 덕분에 생겨나는데 말길 얼개는 자연의 얼개로부터 나올 수 없다. 달리 말해 신경생리 상태들은 명제의 논리 형식과 구조를 만들어낼 수 없다. 이것은 내 이론의 핵심 도그마다. 심성이 물성에서 비롯된다고 믿는 철저 자연주의자는 결국 말길 얼개가 자연의 얼개로부터 비롯된다고 주장해야 한다. 제리 포더는 신경기호들이 논리 구조를 갖출 수 있음을 드러내려고 애썼다. 콰인은 유전자 차원의 선택 과정이 논리 형식과 추론 규칙을 창출한다고 주장했다.

    데이빗슨과 김재권은 심성이 물성으로부터 나올 수 있는지 없는지로 오랫동안 겨루었다. 이 논쟁은 현대 심리철학의 주요 내용을 채웠다. 데이빗슨을 비판하면서 김재권은 다음과 같이 주장했다. 만일 심성이 물성과 다르고 심성이 물성으로부터 비롯되지 않음을 받아들인다면, 심성은 몸을 움직일 만한 힘을 갖지 못한다. 김재권은 이로부터 심성이 힘을 가지려면 심성이 물성으로부터 비롯되어야 한다고 주장한다. 나는 심성이 물성으로부터 비롯되지 않지만 심성이 사물을 움직일 만한 힘을 갖는다고 믿는다. 내가 심성의 힘을 믿는 까닭은 무엇보다도 세계 결정주의가 그럴듯하지 않다고 생각하기 때문이다. 세계 결정주의에 따르면 세계 안에서 벌어지는 모든 현상은 과거 현상들에 따라 완전히 결정된다. 세계 결정주의가 옳다면 세계에는 다른 사건이 벌어질 여지가 아예 없다. 벌어지기로 이미 결정된 사건들만이 지금 벌어질 뿐이다. 이것이 옳다면 사람은 결정된 일 말고 다른 일을 벌일 수 없다. 하지만 이 세계에 자유로운 사건이 벌어진다고 믿기 때문에 나는 세계 결정주의가 틀렸다고 생각한다.

　　이 세계에 자유로운 사건이 벌어진다는 믿음을 바탕으로 나는 나의 이유들이 사물을 움직일 만한 힘을 갖는다고 믿는다. 아쉽게도 나는 내가 자유의지를 가진다는 점을 엄밀히 논증할 수는 없었다. 하지만 누군가 내 행위를 예측한다면 나는 그 예측이 틀렸음을 몸소 보여줌으로써 내가 자유의지를 가진다는 점을 간접 증명할 수 있다. 나는 사람이 이 세계에 다른 일이 벌어지게 할 수 있다는 믿음을 내 이론의 출발점으로 삼는다. "나는 할 수 있다"를 공리나 공준으로 삼아도 좋겠다. 적어도 "나는 할 수 있다"는 해석이론의 대담한 가설이다. 자연과학자가 대담하게 가설을 추측할 때 그는 그 가설이 100% 확실히 참이라고 주장하지는 않는다. 마찬가지로 나는 "나는 할 수 있다"가 100% 확실히 참이라고 주장하지 않는다. 이런 허술한 가설을 끄집어들인다는 이유에서 해석이론에 과학의 자격을 주어서는 안 된다고 박하게 굴지 말길 바란다. 나에게 "나는 적어도 하나의 일을 자유롭게 벌일 수 있다"의 믿음직함은 "나는 아무것도 자유롭게 할 수 없다"의 믿음직함보다 훨씬 높다. 또 나에게 "나는 적어도 하나의 일을 자유롭게 벌일 수 있다"의 바람직함은 "나는 아무것도 자유롭게 할 수 없다"의 바람직함보다 훨씬 높다.

　　마음이 사물을 움직이지 못한다는 오해는 명제가 사물을 움직이지 못한다는 믿음에서 비롯된다. 명제가 사물을 움직일 만한 힘을 갖지 않는다는 주장은 거의 참이다. 명제 "오늘 저녁에 비가 온다"는 개별 사건을 일으킬 수 없다. 이로부터 자연주의자는 '해석이 무엇이든 해석으로 드러난 명제 태도는 사물을 움직일 힘이 없다'는 주장으로 나아간다. 하지만 수와 물리량을 구별해야 하듯이, 명제와 명제 태도를 구별해야 한다. 물리량에 대응되는 수는 사물을 움직일 만한 힘을 갖지 않는다. 수가 원인이 될 수 없음에도 왜 물리량을 갖는 사물은 원인이 될 수 있는가? 그것은 물리량 자체가 처음부터 물리 현상의 인과관계를 기술하려고 상정되었기 때문이다. 물리량의 본디 역할은 사물들 사이의 차이와 변화를 추적하는 일이었다. 자연과학자는 사물들의 차이와 변화를 추적하려고 사물에 물리량을 주었다. 다만 자연과학자는 세계를 사물들로 쪼개고 그 사물에 속성을 주는 여러 방식들 가운데 측정의 방법을 골랐을 뿐이다. 측정의 방법으로 세계를 쪼개고 갈래지을 때 물체와 물리량이 나타난다.

우리는 사물들이 인과관계로 얽히고 짜여 세계가 그 짜임에 따라 바뀐다고 믿는다. 자연과학은 측정의 도움으로 사물에 물리량을 줌으로써 그 변화를 설명하고 예측한다. 자연과학의 설명 방식을 다시금 간추려 보겠다. 먼저 자연과학은 물체들과 물리 속성들을 상정한다. 여기서 물리 속성은 정의상 물체들을 차이 나게 하고 물체들을 서로 관계짓는다. 측정은 물체들과 그 변화를 견주어 봄으로써 물리 속성을 뽑아내어 수량화한다. 이 인식 절차를 거치면 '물리량'이 또렷이 나타나고 물체들의 갈래와 모습이 제대로 드러난다. 그다음 측정이 한결의 원리를 따르도록 요구함으로써 물리량들 사이의 관계를 드러낸다. 이렇게 드러난 물리량들의 관계는 말하자면 "자연법칙"이다. 뉴턴의 운동방정식, 슈뢰딩거의 상태방정식, 아인슈타인의 마당방정식은 이 같은 절차로 얻는다.

마지막으로 자연법칙의 한 보기를 이끌어내면 개별 물리 사건들의 인과관계를 기술하는 명제가 나온다. "전하량을 가졌고 전기마당에 놓인 모든 알갱이는 속도가 바뀐다"로부터 "이 전자가 전기마당에 놓이는 사건은 그 전자의 속도를 바꾸는 사건을 일으킨다"를 추론할 수 있다. 이 같은 방식으로 물리 현상들을 설명하고 예측하는 일은 매우 성공했다. 이 성공 때문에 자연과학자들은 그들의 처음 가설 "물리량은 물리 변화의 원인이다"를 더욱 굳게 믿는다. 이에 따라 자연과학자들처럼 우리도 "물리량은 물체를 바꿀 힘을 갖는다"를 믿게 되었다. 하지만 물리량이 상정되는 과정을 잘 따져보면 "물리량은 물체를 바꿀 힘을 갖는다"는 자연과학의 중심 가설일 뿐이다. 다른 말로 "핵심 가설" "중심 교의" "센트럴 도그마"central dogma "바탕 믿음"이다.

　지금 이야기는 명제 태도에도 똑같이 말할 수 있다. 자연과학은 세계를 물체들로 쪼개고 그 물체에 물리 속성을 줌으로써 자연 현상들을 설명하고 예측한다. 인문사회과학은 사람 현상과 사회 현상을 설명하려 한다. 이를 이루려고 세계를 행위자들로 쪼개고 그 행위자에게 마음 속성을 준다. 마음 속성은 정의상 행위자들을 차이나게 하고 행위자들을 서로 관계짓는다. 인문사회과학은 해석의 방법으로 마음 속성을 드러내는데 그렇게 드러난 것이 명제 태도다. 해석은 행위자들과 그들의 행위를 견주어 봄으로써 마음 속성을 뽑아내어 명제화한다. 나에게 "행위자"는 "마음"의 다른 표현이고 "명제 태도"는 "마음 속성"의 다른 표현이다. 한편 명제 태도는 명제와 태도로 이뤄져 있으며 명제와 태도 안에는 행위자들의 차이, 관계, 변화가 이미 담겨 있다. 이것은 물리량이 수와 단위로 이뤄져 있으며 수와 단위 안에는 물체들의 차이, 관계, 변화가 이미 담겨 있는 것과 비슷하다. "물리량은 물체를 바꿀 힘을 갖는다"가 자연과학의 중심 가설이듯이 "명제 태도는 행위자를 바꿀 힘을 갖는다"는 인문사회과학의 중심 가설이다. 명제 태도는 행위자의 이유고 행위는 행위자의 변화인데 이 중심 가설을 달리 표현할 수 있다. 행위자의 이유는 행위자를 바꿀 힘을 갖는다. 행위자의 이유는 행위의 원인이다.

 인문사회과학은 행위자들의 차이와 변화를 추적하려고 행위자에게 명제 태도를 준다. 행위자에게 준 명제 태도의 본디 역할은 행위자들의 차이와 변화를 추적하는 일이었다. 인문사회과학은 행위자들이 서로 인과관계로 얽히고 짜여 있으며 사회, 공동체, 해석계가 그 짜임에 따라 바뀐다고 가정한다. 김지우에게 "오늘 저녁에 비가 온다"와 "우산을 갖고 가는 이들은 비를 맞지 않는다"는 믿음을 주고 또 "나는 비를 맞지 않는다"는 바람을 줌으로써 우리는 그가 우산을 갖고 외출하는 행위를 설명할 수 있다. 만일 행위자에게 명제 태도를 줌으로써 행위자의 변화를 잘 설명하고 예측할 수 있다면 인문사회과학자는 중심 가설 "명제 태도는 행위자를 바꿀 힘을 갖는다"를 더 굳게 믿어도 되겠다. 반대로 행위자의 믿음과 바람이 행위자의 행위를 설명하고 예측하는 데 아무 도움이 되지 않는다면 그 중심 가설을 버려도 좋다.

 우리는 측정이론을 써서 전체 세계를 물리 사물들로 쪼개고 갈래지은 뒤 물리 속성을 가진 물리 사물들이 인과 그물을 이루고 있다고 말한다. 이렇게 말할 때 자연 세계에 결정주의가 성립하는 것처럼 보인다. 전체 세계에서 물리 요소만을 추려낸 뒤 드러나는 자연 세계는 엄밀 자연법칙을 실현하는 사건들로 가득 찬다. 하지만 마음 속성들도 전체 세계의 다른 측면을 이룬다. 이것은 마음 속성도 전체 세계에 참여한다는 뜻이며 물리 속성들과 인과 그물을 이룬다는 뜻이다. 이 말은 전체 세계가 결정주의에 따라 변화하지 않는다는 나의 처음 가정을 다른 방식으로 표현하는 말이다. 마음 속성, 명제 태도, 이유가 물체들과 인과관계를 맺는다는 말은 또한 "행위자로서 나는 세계가 달라지도록 뭔가를 할 수 있다"는 말이기도 하다. 이 말은 세계 너머의 무엇을 우리 세계에 불러들이는 것이 아니다. 전체 세계는 바뀌고, 그 바뀜이 결정되지 않았으며, 지금도 새로운 사물과 사건이 떠오른다. 우리는 날마다 이를 겪으며 산다.

전체 세계가 결정주의에 따라 변화하지 않는다면 물리량 말고 다른 요소가 세계의 변화에 반드시 참여해야 한다. 해석은 그 다른 요소를 찾는 과학 방법이다. 그 요소를 끌어들이지 않은 채 오직 물리 속성들만으로는 세계가 달라지도록 행위하는 행위자를 이해할 길이 없다. 인문사회과학은 그것을 이해하려고 행위의 이유를 상정하여 행위자의 행위를 설명하려 한다. 행위의 이유는 한결의 원리를 따르지 않으며 오히려 참과 거짓의 원리 또는 이성의 원리를 따른다. 나중에 나는 이 원리를 "사랑의 원리"라고 부를 것이다. 여하튼 행위자의 이유는, 물리 법칙에 따라 움직이는 것들과 다르게, 행위자를 움직이게 하는 무엇이다. 이유들의 논리 관계에 따라 믿고 바라는 행위자는 물리 사물들 사이에 끼어 들어가 인과 그물을 이룬다. 이 때문에 전체 세계에 엄밀 자연법칙의 보기로 기술되지 않는 사건이 나타난다. 그 사건은 행위자가 특정 믿음과 바람을 갖고 행위하는 사건이다. 이런 사건들 때문에 사람들의 세계사는 결정되지 않으며 언제나 열려 있다. 때때로 곳곳에 새롭게 떠오른 사람들의 믿음과 바람이 세계의 역사를 새롭게 이끌어나간다.

0405. 행위자의 합리성

측정이론은 한결의 원리에 바탕을 둔다. 이 원리에 따르면 물리량들의 비율과 그들 사이의 관계는 측정 과정에 따라 바뀌지 않아야 한다. '미터'와 '피트'는 똑같은 길이 단위인데, 우리가 두 물체의 길이를 미터 단위로 재든 피트 단위로 재든 두 물체 길이의 비율은 보존되어야 한다. '물리량들 사이의 관계'는 우리가 "물리법칙" 또는 "자연법칙"이라 부르는 것이다. 한결의 원리는 관점이나 좌표계에 따라 이 법칙이 바뀌지 않도록 측정 과정을 규제한다. 한결의 원리는 측정을 이끄는 안내·지침·원칙이다. 이 원리 덕분에 물리량 자체가 흐릿하지 않고 헷갈리지 않게 정의되어 자연의 한결같은 모습이 비로소 드러난다. 이 원리는 자연법칙을 드러내 세계가 우리에게 코스모스로 나타나게 한다. 이것은 자연 세계를 다스리는 으뜸 원리다.

빛의 빠르기는 한결같다. 한결의 원리는 이 한결같음을 넓게는 자연과학에 좁게는 물리학에 억지로 밀어붙인다. 이 한결같음을 끝까지 지켜내려면 자연과학자는 길이, 시간, 질량 따위를 새로 정의해야 한다. 이를 고려하여 실제로 '미터' '초' '킬로그램' 따위가 새로 정의되었다. 이들 기본 단위가 잘 정의되면 이에 따라 힘의 단위나 에너지의 단위도 새로 정의된다. 이 정의들은 기존 자연법칙을 이미 담고 있거나 새로운 자연법칙을 낳는다. 한결의 원리에 따라 물리량을 측정하고 자연법칙을 찾아냄으로써 매우 튼튼한 자연과학 체계가 얼키설키 짜이고 차근차근 쌓였다.

측정의 결과는 문장으로 표현된다. 많은 이들이 측정의 결과가 숫자라고 생각하는데 이것은 잘못된 생각이다. 측정의 결과는 예컨대 "이 물체는 9.1×10^{-28} 그램이다"나 "그 물체는 -1.6×10^{-19} 쿨롬이다"로 표현된다. 여기서 '이 물체'나 '그 물체'를 꼬집어내는 것도 넓게 보면 측정의 영역이다. 왜냐하면 측정 과정으로 물체 자체가 개별화되기 때문이다. 예컨대 "전자임"은 대충 말해 "질량이 $9.1093826 \times 10^{-28}$ 그램이고 전하량이 $-1.602176634 \times 10^{-19}$ 쿨롬이고 스핀이 1/2인 사물임"이다. "는 2미터다", "는 3킬로그램이다", "는 전자다", "는 산소 원자다", "는 단백질이다", "는 호모 사피엔스다" 같은 물리 술어를 만들어내는 데 측정 과정이 이미 들어 있다. 이렇게 하여 자연과학은 "이 단백질은 3.23×10^{-19} 그램이다"나 "이 세포는 지름은 0.07밀리미터다" 같은 측정 결과를 내놓는다.

해석의 결과를 표현하는 방식은 측정의 결과를 표현하는 방식과 매우 다르다. 우리는 해석의 결과를 "이 사람은 '오늘 저녁에 비가 온다'를 믿는다"나 "이 사람은 '나는 오늘 저녁에 비에 젖지 않는다'를 바란다"처럼 표현한다. 아무렇게 측정해서는 안 되는 것처럼 아무렇게 해석해서도 안 된다. 행위자와 그 행위를 제대로 기술하고, 설명하고, 예측하려면 원리 원칙에 맞게 해석해야 한다. 제대로 해석할 때 인문사회과학 체계를 짤 수 있다. 해석을 다스리는 원리는 무엇인가? 이를 말하기에 앞서 모눈을 만들어 측정과 해석을 견주어 보겠다.

	측정	해석
과학	자연과학	인문사회과학
갈래짓기	세계를 운동량, 에너지, 질량, 전하량 따위를 갖는 물체들로 쪼개고 갈래짓는다.	세계를 믿음, 바람 따위를 갖는 행위자들로 쪼개고 갈래짓는다.
대상	물체: 알갱이, 물리계, 자연	행위자: 마음, 지향계, 사회
속성	물리량	명제 태도
술어	숫자와 단위	문장과 태도 술어
결과	물체의 물리량들 곧 물성이 드러난다.	행위자의 명제 태도들 곧 심성이 드러난다.
보존되는 것	물리량들의 비율과 자연법칙	ㄱ
원리	한결의 원리	ㄴ
드러난 세계	코스모스	ㄷ

측정에서 미터를 쓰느냐 피트를 쓰느냐 때문에 자연법칙이 달라지지 않고 자연이 달리 보이지 않는다. 마찬가지로 행위자의 태도를 기술하는 문장이 영국말 문장이냐 한말 문장이냐는 중요하지 않다. 어떻게 해석하든 해석자가 보존해야 하는 것은 행위자의 의향, 의지, 의도, 의미, 뜻이다. 그의 행위를 해석할 때든 그의 말과 글을

해석할 때든 해석자는 그의 뜻을 잘 살려야 한다. 해석자는 '의지'를 뜻하는 '뜻'뿐만 아니라 '의미'를 뜻하는 '뜻'까지 드러내야 한다. 그래서 ㄱ 자리에 "행위자들의 뜻"을 넣으면 좋겠다.

　　해석자는 해석되는 사람의 뜻을 헤아려야 한다. 이 점에서 "해석"을 토박이말로 "뜻풀이"나 "뜻헤아림"으로 하면 좋겠다. "해석"에 해당하는 영국말 낱말은 멀리 라틴말 "인테르프레스"에서 왔다. 이 낱말은 '두 사람 사이에서^{인테르} 뭔가를 사고팔도록^{프레스} 돕는 사람' 곧 '중개인'을 뜻한다. 이 낱말로부터 "인테르프레타티오"가 나왔다. 이는 오늘날과 크게 다르지 않고 '설명' '해명' '번역' '이해' '결론' 따위를 뜻했다. "해석"이 서양에서 더 깊은 뿌리를 두고 있는 낱말은 "헤르메네우스"다. 여기서 "해석학"을 뜻하는 독일말 "헤르메노이틱"이 나왔다. 그리스말 "헤르메네우스"는 '번역자' '통역자' '해석자'를 뜻한다. 이 말이 어디에 뿌리를 두고 있는지 아직 잘 모르는데 흔히 "헤르메스"에서 왔다고 말들 한다. 하지만 낱말 "헤르메네우스"가 먼저 있고 여기서 "헤르메스"가 나왔을 것 같다. 아리스토텔레스의 논리 책들 가운데 《헤르메네이아스》가 있는데 주로 정언문장^{모든몇몇문장}들을 다룬다. 이 때문에 오늘날 이 책을 부를 때 《명제》라고 한다. 명제는 문장의 뜻이다. 해석자가 뜻풀이해야 할 믿음과 바람을 "문장 태도"라고 하지 않고 "명제 태도"라고 한 일은 무척 다행이다. 명제 태도에는 믿음뿐만 아니라 바람도 있고 그밖에 다른 것들이 많다.

행위자의 명제 태도들은 행위자가 이러저러하게 행위하는 '이유'^{까닭}다. 행위자를 개인주의 관점에서 보느냐 공동체주의 관점에서 보느냐에 따라 이유를 탐구하는 방식이 다를 수 있다. ㄱ 자리에 올 말 가운데 더 좋은 것은 "행위자들의 합리성"이다. "합리성"은 서양에서 아주 길고 깊은 개념의 역사를 갖는다. 동아시아에서 "합리성" "합리" "이성"은 영국말 "리즌"^{reason}이나 라틴말 "라티오"를 옮긴 말이다. "리즌"은 내가 "이유"로 옮긴 말이기도 하다. "이유"는 "합리" "합리성" "이성" "추리" 따위와 한 묶음으로 묶일 수 있다. "리즌"은 "라티오"에서 왔는데 "라티오"는 '생각하다' '셈하다' '여기다' '판가름하다'를 뜻하는 움직씨에서 왔다. 철학에서 "라티오"는 더 거슬러 올라가 그리스말 "로고스"의 옮김말이기도 하다. 낱말 "로고스" 안에는 지금까지 우리가 말했던 거의 모든 것이 담겨 있다. 이 낱말은 문맥에 따라 "계산" "비율" "말" "문장" "명제" "추론" "이유" "설명" 따위로 옮긴다. 토박이말 가운데 "로고스"에 가장 가까운 말은 "헤아림"이다. "헤아리다"는 '세다'를 뜻할 뿐만 아니라 '뜻을 알아차리다'도 뜻한다.

"라티오"와 "로고스" 안에는 '비율'이라는 뜻도 들어 있다. 측정은 물리량들의 라티오·로고스를 보존하고 해석은 명제 태도들의 라티오·로고스를 보존한다. 측정은 두 물체의 길이 비율을 보존한다. 나아가 측정은 물리량들의 관계 곧 자연법칙을 보존한다. 자연법칙은 물체들의 법칙이며 자연의 법칙이다. 해석은 행위자들의 법칙을 보존해야 할 텐데 '행위자들의 법칙'을 철학에서는 오랫동안 "행위자의 합리성"이라 불렀다. 행위자가 합리성을 갖는다는 말은 곧 행위자가 헤아려 믿고 헤아려 바란다는 말이다. 행위자는 아무렇게 믿지 않고 까닭을 갖고 믿음직한 것을 믿는다. 그는 믿음직한 명제를 헤아려본 뒤 그것을 믿는다. 이와 같은 헤아림을 "이론 합리성" 또는 "이론이성"이라 한다. 행위자는 아무렇게 바라지 않고 까닭을 갖고 바람직한 것을 바란다. 그는 바람직한 명제를 헤아려본 뒤 그것을 바란다. '실천 합리성' 또는 '실천이성'은 믿음과 바람을 잘 헤아려 좋은 행위를 고르는 헤아림이다. "행위자는 이유를 갖는다"는 "행위자는 합리성을 갖는다"를 다르게 쓴 말일 뿐이다.

행위이론과 사회이론은 해석의 방법을 이루는 두 가지 기둥이다. 두 이론은 "모든 행위자는 이유를 갖는다" 또는 "모든 행위자는 이론이성과 실천이성을 갖는다"를 가정한다. 이 가정은 해석이론을 다스리는 원리다. 모눈의 빈칸 ㄴ 자리에는 이 원리가 들어가야 할 것 같다. 여기서 "모든 행위자는 이론이성과 실천이성을 갖는다"는 사실의 문제가 아니다. 물론 한 호모 사피엔스가 합리성을 가졌냐 갖지 않았냐를 묻는 것은 사실의 물음일 수 있다. 하지만 행위자가 합리성을 가졌느냐 갖지 않았느냐를 묻는 것은 사실의 물음이 아니다. 따지고 보면 '행위한다'는 '이유에 따라 움직인다'를 뜻하기에 "행위하는 이는 이유를 갖는다"는 거의 분석명제다. 이것은 "이유에 따라 행위하는 이는 이유를 가졌다"가 분석명제인 것과 마찬가지다. 누군가 이유를 갖는다면 그는 이미 합리성을 가졌다. 데이빗슨이 1985년 한 글에서 답변했듯이 "한 생물이 명제 태도를 갖는다면 그 생물은 이미 거의 합리성을 가졌다."

"행위자는 합리성을 갖는다"는 오히려 행위 개념과 행위자 개념을 만들어내는 원리다. 도무지 해석될 수 없는 행동을 하는 대상을 두고 우리는 그것을 행위자라고 여길 까닭이 없다. 이것은 도무지 측정될 수 없는 모습을 가진 대상을 두고 그것을 물체라고 여길 까닭이 없는 것과 같다. "행위자는 합리성을 갖는다"가 행위자 개념을 이루는 원리인 것은 "물체는 자연법칙을 따른다"나 "물체는 한결같은 모습을 띤다"가 자연 운동과 물체 개념을 이루는 원리인 것과 같다. 여기서 "한결같은 모습"이 물리량의 변화에 불변 요소가 있다는 말이지 걸보기에 물체들이 언제 어디서든 똑같이 움직인다는 말이 아니다. 그 물체에게 그 언제와 그 어디가 때마다 곳곳에서 바뀌기 때문에 물체의 움직임도 그에 따라 바뀐다. 마찬가지로 "행위자는 합리성을 갖는다"가 행위자들이 언제 어디서든 똑같이 믿고 똑같이 바란다는 말로 듣지 말아야 한다. 그 행위자한테 그 언제와 그 어디가 때마다 곳곳에서 바뀌기 때문에 행위자의 행위도 그에 따라 바뀐다.

0406. 사랑과 코뮌

해석이론이 세계를 행위자들로 개별화하는 방식은 측정이론이 세계를 물체들로 개별화하는 방식과 다르다. 이 다름 때문에 나는 인문사회과학이 자연과학으로 쪼그라들 것이라는 환원주의를 받아들이지 않는다. 다른 이의 믿음과 바람을 헤아리는 이는 한결의 원리에 따라 행위들을 살피지 않는다. 해석이론은 한결의 원리 대신에 "행위자는 합리성을 갖는다"에 바탕을 둔다. 믿는 이는 제1차 논리의 추론규칙에 따라 믿고, 믿음직함의 공리에 따라 믿음직함을 가늠한다. 바라는 이는 바람의 이행성에 따라 바란다. 말하자면 그가 ㄱ보다 ㄴ을 더 바라고 ㄴ보다 ㄷ을 더 바란다면 그는 ㄱ보다 ㄷ을 더 바랄 것이다. 그는 "믿음직함과 바람직함의 곱이 가장 큰 행위를 고르라"는 베이즈 원칙을 따른다. 이론이성은 믿음과 믿음직함을 헤아리는 일을 맡고, 실천이성은 믿음직함과 바람직함을 함께 헤아려 좋은 행위를 고르는 일을 맡는다.

합리성은 '이성을 따름'을 뜻한다. 합리성을 갖는 이는 이성에 따라 믿고 바라고 행위한다. 해석자 사나는 남준을 해석하려 한다. 먼저 사나는 남준이 이유·이성·합리성을 가졌다고 가정해야 한다. 그렇게 가정하지 않는다면 남준에게서 해석해야 할 무엇이 나타나지 않는다.

이유·이성·합리성은 '참이다', '믿음직하다', '바람직하다', '좋다', '아름답다'의 규범을 따르는 힘이다. 이 규범을 따르지 않는 이는 해석되는 이, 말하는 이, 뜻을 갖는 이, 믿음과 바람을 갖는 이, 행위하는 이일 수 없다. 해석자는 행위자가 '참이다' 개념을 자신과 거의 비슷하게 쓰리라 믿을 것이다. 비슷하게 쓰지 않는다면 해석자는 적어도 다음부터 행위자가 자신과 비슷하게 쓰기를 바랄 것이다. 만일 남준이 명제 "X이면 Y"를 믿고 명제 X를 믿는다면 사나는 남준이 명제 Y도 믿을 것이라고 믿는다. 남준이 명제 Y를 믿지 않는다면 사나는 남준이 명제 Y를 믿기를 바랄 것이다. 딸기가 없는 곳에서 남준이 "여기 딸기가 있다"를 믿지 않기를 사나는 바라며, 딸기가 있는 곳에서 남준이 "여기 딸기가 있다"를 믿기를 사나는 바란다. 또 해석자는 행위자가 믿음직함과 바람직함의 곱이 가장 큰 행위를 고르리라 믿는다. 행위자가 그것을 고르지 않는다면 해석자는 행위자가 다음부터는 그것을 고르기를 바랄 것이다.

  해석자는 해석 대상이 이론이성과 실천이성의 규범을 따를 것이라고 믿거나 그렇게 바라야 한다. 다른 이를 이같이 바라보는 마음가짐을 영국말로 "채러티"[charity]라 한다. 옥스퍼드영어사전에 적힌 "채러티"의 여러 뜻 가운데 '다른 사람의 또렷한 잘못과 모자란 점에 비추어 그들의 성격, 말, 생각, 행위를 다정하고 희망차게 판단하는 성향'이라는 뜻이 있다. 이 사전에 따르면 "채러티"

의 이런 쓰임새는 신약성경 고린도전서 13장 6절의 "사랑은 나쁜 것을 생각하지 않고 참과 함께 기뻐한다"와 베드로전서 4장 8절의 "사랑은 많은 잘못을 덮어준다"에서 나왔다. 이 쓰임새로 쓰인 "채러티"는 영미와 한국에서 주로 "러브"나 "사랑"으로 옮긴다. 이 때문에 나도 이런 뜻의 "채러티"를 "사랑"으로 옮기겠다. 우리나라의 다른 학자들은 "자비"나 "관용"으로 옮긴다. 동양 고전에 비슷한 뜻으로 쓰인 낱말은 공자의 "충서"다. 마음 한가운데서부터 다른 이의 마음을 나의 마음과 같게 여기는 자세다.

닐 윌슨은 1959년 한 논문에서 "되도록 많은 진술들을 참으로 만드는 것을 지시 대상으로 고르는" 원칙을 "사랑의 원칙"이라 했다. 1960년 콰인은 《말과 사물》에서 이 원칙을 번역을 돕는 원칙으로 가져왔다. 무슨 말인지 아예 모르는 말을 처음으로 자기 말로 옮기는 이들은 상대방이 "이고", "이거나", "이면", "아니다", "는 거짓이다", "는 참이다" 따위를 자신과 비슷하게 쓴다고 가정해야 한다. 콰인은 무슨 말인지 아예 모르는 말을 처음으로 자기 말로 옮겨야 하는 상황을 "원초 번역"이라 했다. 여기서 "원초"는 "래디컬"^{radical}을 옮긴 말인데 "맨 처음"이나 "맨땅에"로 이해할 수 있겠다. 콰인은 '맨땅에 번역' 상황에서 벌어지는 일로부터 번역 곧 의미를 연구했다.

맨땅에 번역 상황에서 우리는 다른 사람의 말소리를 조사하여 소리 "스노 이즈 화이트"를 우리말 "눈은 희다"로 옮길 수 있다고 결론 내렸다. 우리는 처음에 그의 "오어"를 "이고"로 옮기고 그의 "낫"을 "아니다"로 옮겼다. 야릇하게도 그는 "스노 이즈 화이트 오어 스노 이즈 낫 화이트"라고 소리 내었다. 이는 "눈은 희고 눈은 희지 않다"라고 옮겨야 한다. 우리는 이제 다음 둘 가운데 하나를 골라야 한다. 첫째, 그는 "이고"와 "아니다"를 우리와 다르게 쓴다. 다시 말해 그의 논리와 우리의 논리는 다르다. 만일 우리 논리가 마땅하다면 그는 터무니없는 논리를 가진 셈이다. 둘째, 우리는 "오어"나 "낫"을 잘못 옮겼다. 콰인은 둘째를 고르면서 다른 사람이 터무니없는 논리를 가졌을 가능성이 낮다고 생각했다. 그는 《말과 사물》에서 이렇게 썼다. "대화하는 이의 어리석음은 어떤 점을 넘어서면 나쁜 번역보다 덜 그럴듯하다." 여기서 그는 윌슨이 말한 "사랑의 원칙"을 적용했다. 곧 우리가 다른 사람 말을 우리 말로 옮길 때 되도록 많은 진술을 참이 되게 하는 번역을 고르라.

    콰인은 사랑의 원칙을 논리 판단이나 반드시 추론에만 좁게 적용했다. 좁게 적용함으로써 논리의 자리를 나름대로 마련한 채 말·뜻·앎을 경험주의 및 자연주의 방식으로 탐구해 나갔다. 하지만 우리는 사랑의 원칙이 미치는 범위를 문장논리학뿐만 아니라 양화논리학까지 넓혀야 한다. 나아가 그 범위를 '아마도 추론'까지 넓히는 것이 마땅하다. 데이빗슨은 스승 콰인의 의미 탐구 방법을 자기 철학 전면에 끌어들였다. 그의 연구는 1984

년에 나온 논문집 《진리와 해석》참과 뜻풀이에 잘 나와 있다. 그는 콰인보다 훨씬 넓게 사랑의 원칙을 적용했다. 그는 이 원칙을 번역을 돕는 지침 정도가 아니라 의미, 뜻, 심성 개념 자체를 이루게 하는 원리로 여겼다. 그는 '사랑의 원칙'을 '사랑의 원리'로 드높인 셈이다. 1970년에 나온 논문 「마음 사건」은 20세기 후반 심성 연구의 씨앗 논문이다. 이 논문에서 그는 사랑을 다른 사람이 "일관되며, 참말들을 믿는 이며, 착함을 좋아하는 이"임을 드러내는 자세로 그렸다. 그는 사랑의 원리를 명제 태도 전반에 적용했다. 이렇게 해야만 행위자의 명제 태도들이 우리에게 제대로 떠오른다. 다른 사람의 말을 해석할 때 일단은 그의 말이 참말이 되게 하는 방식으로 그의 낯선 문장에 뜻을 주어야 한다. 그렇지 않고서는 행위자에게서 믿음, 바람, 이유 따위를 찾아낼 방법이 없다. 데이빗슨은 명제 태도가 이런 원리의 도움으로 우리에게 나타나기 때문에 심성은 물성으로 환원되지 않는다고 주장했다. 이것이 논문 「마음 사건」에서 그가 말하고자 한 바의 핵심이다.

다른 사람의 말, 생각, 믿음을 참이 되게 한다는 말은 무슨 뜻인가? 우리는 다른 사람의 믿음을 참이 되게 할 수는 없다. 다만 우리가 참이라고 여기는 것을 다른 사람도 참이라고 여긴다고 생각할 수는 있다. 나아가 다른 사람이 우리 못지않게 믿음직함과 바람직함을 가늠하는 힘을 지녔다고 생각할 수 있다. 이것이 데이빗슨이 생각하는 사랑의 자세다. 그는 1974년 논문 「개념 도식이라는 바로 그 관념」에서 이렇게 말했다. "사랑은 선택사항이 아니라 먹혀드는 이론을 얻기 위한 필수조건이다." "우리가 사랑을 좋아하든 안 좋아하든 만일 우리가 다른 이들을 이해하고 싶다면, 우리는 대부분의 사안에서 그들이 옳다고 여겨야 한다." 다른 이의 믿음 체계는 이러한 사랑의 원리 덕분에 우리에게 드러난다. 사람의 믿음 체계가 이렇게 드러난다면, 한 사람의 믿음 체계와 다른 사람의 믿음 체계 사이에 상대주의가 설 자리는 없다.

움직이는 사물을 믿음과 바람을 갖는 행위자로 기술하려면 해석자는 사랑의 자세를 갖고 그의 움직임을 기술해야 한다. 사랑은 다른 이가 자신처럼 추론규칙에 따라 믿고, 믿음직함의 공리에 따라 믿음직함을 가늠하고, 바람의 이행성에 따라 바라는 이임을 애써 드러내려는 자세다. 이것은 데닛이 말한 "지향 자세"의 가장 높은 단계며 가장 맞는 단계다. 이제 나는 사랑의 원리가 해석을 다스린다고 주장한다. 모눈의 빈칸 ㄴ 자리에 "사랑의 원리"가 들어가야 한다. 사랑의 원리를 해석 대상에 적용한다는 것은 그가 합리성을 가졌음을 인정하는 것이다. 그는 우리와 비슷한 진선미 개념에 따라 말하고, 생각하고, 믿고, 바라고, 행위한다. 한결의 원리가 '자연 사물' '물체' '물리 속성'을 정의하듯이 사랑의 원리는 '지향 사물' '행위자' '마음 속성'을 정의한다. '자연 사물'을 다스리는 개념이 '한결' '한결같음' '비율'이라면 '지향 사물'

을 다스리는 개념은 '사랑' '진선미' '합리성'이다.

처음부터 끝까지 똑같은 믿음 똑같은 바람을 갖는 이들은 아예 똑같은 행위자다. 당연히 행위자들은 다르게 믿고 다르게 바란다. 하지만 행위자들은 비슷한 또는 똑같은 진선미 개념을 가져야 한다. 사랑의 원리는 우리에게 이것을 요구한다. 만일 사람들이 아예 다른 '참이다'와 '거짓이다' 개념을 가진다면 우리는 다른 이의 믿음을 이해할 길이 없다. 만일 사람들이 아예 다른 '좋다' '나쁘다' '착하다' '못됐다' 개념을 가졌다면, 우리는 다른 이의 바람을 이해할 길이 없다. 다른 이의 믿음과 바람을 이해할 길이 아예 없고 그의 행위를 이해할 길이 아예 없다면 인문사회과학 전체가 무너진다. 이 경우 호모 사피엔스에 관한 자연과학만이 유일한 인간과학으로 남을 것이다. 사랑의 원리는 해석의 가능성을 보장함으로써 인문사회과학을 가능하게 한다.

해석의 목표는 나와 다른 이의 의견 일치도 의지 일치도 아니다. 데이빗슨이 말했듯이 해석의 목표는 다른 이를 이해하는 것이다. 그는 왜 그렇게 생각하고 왜 그렇게 믿고 왜 그렇게 바라고 왜 그렇게 행위했는가? 이해 과정의 출발점에서 해석자는 사랑의 원리에 따라 다른 이의 믿음과 바람을 가늠해야 한다. 맨땅에 해석이 이뤄진 뒤에야 차츰 그와 나 사이의 차이점을 알아차릴 수 있다. 내가 미덥지 못한 믿음을 가지듯이 그도 미덥지 못한 믿음을 가진다. 내가 바람직하지 않은 바람을 가지듯이 그도 그렇다. 해석이 깊어지고 올바른 이해에 이르면 다른 이가 미덥지 못한 믿음을 믿고 바람직하지 않은 바람을 바란다고 해석해야 할 때가 온다.

'동물 군집'과 '공동체'를 가르는 기준은 그것이 자연의 법칙을 따르는가 진선미의 규범을 따르는가 하는 것이다. 공동체는 해석의 공동체며 진선미의 공동체고 이유의 공동체다. 공동체 안에서 우리가 서로를 해석하는 과정에서 나, 너, 우리의 명제 태도가 차츰 또렷해진다. 나와 사회에 대한 우리의 이해가 더 깊어지는 것은 인문과학의 진보며 사회과학의 진보다. 이 과정에서 우리는 우리의 이론이성과 실천이성을 더 다듬는다. 이유를 갖고 사는 것이 사람의 삶이기에 이로써 우리는 더욱 사람다워진다. 처음에 우리는 유전자와 신경과 호르몬의 지배를 받는 호모 사피엔스로 태어났다. 하지만 차츰 진선미에 따라 믿고, 바라고, 행위하고, 만드는 사람으로 자란다. 이 과정이 이뤄지는 진선미의 공동체를 나는 "코뮌"이라 부르겠다. 코뮌은 사람이 자라는 곳이다. 코뮌은 사람들의 세계며 행위자들의 세계다. 세계를 사랑의 원리에 따라 해석하여 쪼개고 갈래짓고 개체화할 때 세계는 코뮌으로 드러난다. 코스모스가 전체 세계의 한 측면이듯이 코뮌도 전체 세계의 한 측면이다. 모눈의 빈칸 ㄷ 자리에 "코뮌"이 들어간다. 코뮌 안에서 생겨나 자란 사람은 자신이 자란 코뮌을 가꿈으로써 더 많이 자라고 나아가 코뮌 안에 새로운 사람을 생기게 한다. 이것이 바로 사람의 세계사며 뜻의 역사다.

	측정	해석
다스리는 원리	한결의 원리	사랑의 원리
드러냄	물성이 드러난다.	심성이 드러난다.
드러난 세계	코스모스	코뮌
나타난 대상	물체	행위자
나타난 속성	물리량	명제 태도
갈래짓기	세계를 물체들로 쪼개고 물리량에 따라 갈래짓는다.	세계를 행위자들로 쪼개고 명제 태도에 따라 갈래짓는다.
바뀌지 않는 것	자연의 법칙	행위자의 합리성
얻어진 앎·믿음	자연과학	인문사회과학

05.

온갖 알길

나는 과학 방법을 크게 추론, 측정, 해석으로 나누었다. 이를 세 장에 걸쳐 하나씩 다루었다. 추론은 모든 과학의 공통 방법이다. 측정은 자연과학의 고유방법이고 해석은 인문사회과학의 고유방법이다. 무슨 과학이든 추론, 측정, 해석 가운데 적어도 한 방법은 써야 한다. 수학이나 통계학처럼 경험 사실을 거의 다루지 않는 과학은 추론만 써도 된다. 경험 사실을 다루는 과학은 측정과 해석 가운데 반드시 한 방법을 써야 한다. 글을 맺으면서 과학 담론에서 자주 오르내리는 물음 또는 오해를 몇 가지 이야기하고자 한다.

0501. 추론은 자연과학의 고유방법인가?

아니다. 추론은 자연과학의 고유방법이 아니라 모든 과학의 공통 방법이다. 자연과학에 추론이 많이 쓰이기에 추론이 자연과학의 본모습을 이루는 방법이라 착각들 한다. 나아가 추론을 많이 쓰면 자연과학과 비슷해진다고 잘못 생각하는 이들도 있다. 수학과 물리학은 반드시 추론으로 가득 차 있다. 특히 공리와 정의 및 공준을 바탕으로 반드시 추론을 거쳐 참말들을 이끌어낸다. 하지만 수학을 많이 쓴다고 경제학이나 회계학 같은 학문을 자연과학으로 여겨서는 안 된다. 인문사회과학에서도 수학을 자주 쓰는 까닭은 그것이 추론에 도움을 주기 때문이다.

    몇몇 경제 현상은 동물 본능이나 신경에 따른 비의도 또는 무의식 행동에서 비롯될 수 있다. 하지만 경제 현상의 대부분은 행위자들의 의도 행동에서 비롯된다. 이 때문에 경제학은 행위이론이나 사회이론에 뿌리를 두고 있어야 한다. 경제학이 해석의 방법에 뿌리를 두는 한 그것은 사회과학에 속한다. 다만 경제 현상에 참여하는 행위자들이 너무 많고 그들의 의도도 너무 복잡하고 한 현상에 매우 많은 행위들이 얽혀 있다. 수학 같은 추론의 방법이 경제학에 자주 쓰이는 것은 이 때문이다.

심리학, 사회학, 경제학, 정치학, 경영학, 회계학 같은 곳에 통계가 아주 많이 쓰인다. 요즘에는 인류학이나 역사학 같은 인문과학에도 많이 쓰인다. 수학뿐만 아니라 통계학도 자연과학의 갈래인데 통계학을 쓰는 학문이 자연과학에 가깝다고 착각하는 이들이 많다. 하지만 통계는 자연과학의 고유방법이 아니다. 통계는 아마도 추론의 한 갈래다. 통계의 방법은 곧 추론의 방법일 뿐이다. 다만 통계 자료를 모으는 방법에서 자연과학과 인문사회과학은 다르다. 자연과학에서는 통계 자료를 측정의 방법으로 모으지만 인문사회과학에서는 해석의 방법으로 모은다.

인문사회과학에서 많이 쓰이는 설문과 여론조사는 해석의 방법으로 자료를 모은다. 설문과 여론조사로 자료를 모으는 이는 말하는 이의 뜻을 해석해야 하고 그 행위의 의도를 해석해야 한다. 인문사회과학자는 때때로 측정과 해석 모두를 써서 자료를 모으기도 한다. 예컨대 키와 결혼 사이의 관계를 연구할 때 그렇게 해야 한다. 키 자체는 몸의 모습이기에 사람의 키를 재는 것은 측정이다. 하지만 결혼은 측정으로 드러나지 않고 다만 문서나 발화를 해석함으로써 드러난다. 통계를 쓴 학문이 과학이 되는 까닭은 그것이 자연과학 방법을 썼기 때문이 아니라 추론이라는 과학 방법을 썼기 때문이다.

0502. 인문사회과학은 자연과학 방법을 써서는 안 되는가?

써도 된다. 측정은 자연과학의 고유방법이지만 측정을 자연과학에만 써야 할 까닭은 없다. 실제로 인문사회과학은 추론과 해석뿐만 아니라 측정의 방법도 쓴다. 예컨대 역사학, 고고학, 인류학, 서지학에서는 탄소연대측정법을 써서 유물이 만들어진 시점을 알아낸다. 과학자는 유물이나 작품이 만들어진 시점을 알아내려고 추론, 해석, 측정을 모두 동원한다. 측정의 방법을 쓴다고 인문사회과학이 곧바로 자연과학이 되지는 않는다. 인문사회과학이 측정의 방법을 써야 비로소 과학이 되는 것도 아니다. 인문사회과학자가 더 믿음직한 이론을 만들려고 자연과학 방법을 쓰는 것은 바람직하다. 측정의 방법을 아무리 많이 쓴다 해도 역사학, 고고학, 인류학, 언어학은 인문사회과학으로 남는다. 그 까닭은 그 과학들이 사람과 사회를 이해하려고 사람들의 믿음과 바람을 해석해야 하기 때문이다. 그런 해석이 아예 없다면 그 과학들을 인문사회과학으로 여길 까닭이 없다.

0503. 자연과학은 추론과 측정의 방법만을 쓰는가?

아니다. 자연과학에서도 해석의 방법을 때때로 쓴다. 생명과학에서는 단백질, DNA, 세포, 생물, 군집, 종 따위를 믿음과 바람을 갖는 행위자로 기술함으로써 생명 현상을 설명하곤 한다. 예컨대 진화과학에서 동물 진화를 이해하려고 사회이론^{게임이론}을 가져오기도 한다. 존 메이너드 스미스의 1982년 책《진화와 게임이론》은 그런 연구들의 고전이 되었다. 물론 나는 이것이 진화과학에 잘 어울리는 방법이라고는 생각하지 않는다. 하지만 만일 진화과학이 일종의 역사과학이라면 진화과학에 행위이론과 사회이론을 가져와 쓰는 것은 매우 적절한 탐구 방법이다. 왜냐하면 이와 같은 해석의 방법은 역사과학의 됨됨이에 잘 어울리기 때문이다. 스티븐 제이 굴드는 진화과학을 역사과학 비슷하게 탐구하곤 했다. 지질학이나 지구과학을 그렇게 탐구해야 한다고 주장하는 이들도 있다. 그러나 거대사와 자연의 역사 전체가 엄밀 자연법칙이 펼쳐지는 사건들의 연속이라면 역사과학의 방법을 진화과학과 지구과학에 가져오는 것은 과학을 서사^{이야기}로 바꾸는 것에 지나지 않는다.

　　몇몇 학자는 베이즈주의를 양자역학에 가져와 양

자 현상을 이해하려 한다. 이 방식을 "양자 베이즈주의"라 하는데 줄여서 "큐비즘"이라 한다. 베이즈주의에 따르면 확률은 자연의 객관 속성이 아니라 인식 주체가 갖는 믿음의 크기^{믿음직함}다. 믿음직함이 생기는 까닭은 인식 주체가 가진 정보가 부족해서 한 명제가 참이라고 딱 부러지게 판단하지 못하기 때문이다. 쉽게 말해 믿음직함은 정보 부족이다. 하지만 만일 자연에 진정한 우연이 있다면 자연과학자는 주체의 믿음직함을 넘어서는 객관 확률을 다뤄야 한다. 이 객관 확률을 나는 "일어남직함"으로 불렀다. 영국말에서 "챈스"^{chance}에 해당하는 낱말이다.

    양자 현상을 잘 살펴보면 자연에 진정한 우연이 있는 것 같다. 코펜하겐 해석에 따르면 포개져 흐릿한 물리 상태가 측정 과정을 거치며 뾰족한 상태로 곧장 오그라든다. 이 해석에 따르면 상태가 오그라들 때 진정한 우연이 벌어진다. 양자역학의 보른 규칙은 일어남직함을 알려주는 공식으로 널리 알려져 있다. 하지만 데이비드 봄의 존재론 해석과 휴 에버릿의 많은 세계 해석은 이에 반대한다. 이들에 따르면 진정한 우연은 없으며 확률은 곧 '정보의 부족'이거나 '주체의 환상'이다. 양자 현상을 실제로 겪기 전 관측자에게는 정보 부족이 있을 수 있다. 이것은 우리가 일상에서 늘 겪는 일이다. 우리 경험과 인식을 설명하려고 베이즈주의를 가져오는 것은 과학 추론에서 흔한 일이다. '아마도 추론' 같은 과학 추론은 사람의 추론이며 사람의 현상이다. 하지만 양자 현상 곧 자연 현상 자체가 베이즈주의를 따른다고 말하는 것은 다른 문제다.

    큐비즘은 양자역학 자체를 추론이론이나 인식이론으로 여기는 것 같다. 우리는 고전역학으로 자연 현상을 기술하고 예측하지만 고전역학 자체를 추론이론이나 인식이론으로 여기지 않는다. 고전역학은 물체들의 움직임을 기술하는 이론이다. 하지만 큐비즘을 받아들이는 이들은 양자역학에 인식이론이 담겨 있다고 본다. 이것은 양자역학이 매우 인문과학스럽다고 말하는 것과 비슷하다. 왜냐하면 인식이론은 인문과학의 한가운데 있는 이론이기 때문이다. 큐비즘을 받아들이지 않더라도 자연과학과 인문사회과학 사이의 금긋기에 반대하는 물리학자가 우리나라에도 더러 있다. 장회익은 양자역학의 서울해석을 만들면서 물리학 안에 이미 인식이론이 담겨 있다고 오랫동안 주장했다. 나아가 최무영은 물리학이 인문과학에 가깝다고 말하기도 했다. 서울해석의 다른 연구자 김재영도 양자역학 안에 이미 인문과학 요소가 들어와 있다고 주장한다.

0504. 실험은 곧 자연과학 방법인가?

아니다. 실험은 꾸며진 조건 아래서 현상을 뽑아내는 일이다. 그 꾸며진 조건을 우리는 "실험실" 또는 "실험실 조건"이라 한다. 실험은 실험실 안에 대상을 집어넣어 그를 휘젓거나 뒤흔들어 이런저런 현상들을 억지로 일으켜 현상들 사이의 관계를 더듬어간다. "실험은 현상을 만든다"나 "실험은 현상을 창조한다"는 말은 실험의 본모습을 잘 나타낸다. 한 가지 주의할 점은 행위자나 사회도 실험의 대상일 수 있다는 점이다. 세포나 짐승뿐만 아니라 사람도 실험 대상일 수 있다. 과학자는 사람들을 실험실에 가둬 놓고 그들의 움직임을 관찰하곤 한다. 실험실 조건 아래서 그들이 드러내는 움직임은 실험하는 이가 억지로 끄집어낸 현상이다. 최근 "자연 실험"이라는 실험은 자연 전체를 하나의 실험실로 보지만 사람이 굳이 자연을 휘젓지는 않는다.

실험하는 이가 기록하려는 것이 실험 대상의 의도 행위인지 비의도 운동인지에 따라 그 실험은 인문사회과학 실험일 수 있고 자연과학 실험일 수 있다. 인문사회과학 실험은 실험 대상의 의도 행위를 기록하고 그 행위를 해석한다. 자연과학 실험은 실험 대상의 비의도 운동 또는 무목적 운동을 기록하고 그 운동을 측정한다. 설사 사람을 대상으로 실험한다 하더라도 몸의 변화를 측정하는 의학 및 심리학 실험은 자연과학 실험이다. 인문사회과학의 실험은 행위자의 행위가 관심의 대상이며 그의 행위를 해석해야 실험 결과를 제대로 얻을 수 있다. 물론 사람이나 사회를 대상으로 실험할 경우 측정과 해석이 함께 이뤄질 때도 있다. 알짜 자료가 측정 자료라면 그 실험은 자연과학 실험이지만 알짜 자료가 해석 자료라면 그 실험은 인문사회과학 실험이다. 따라서 실험의 방법은 그 자체로 볼 때 자연과학 방법도 인문사회과학 방법도 아니다.

0505. "휴먼 사이언스"라 불리는 인간과학은 인문사회과학인가?

오히려 종합과학 또는 융합과학이라 보아야 한다. 사람 몸과 사람 마음은 두 가지 다른 실체가 아니다. 굳이 스피노자의 표현을 빌리면 몸과 마음은 두 가지 다른 모습^{양태}이다. 사람 몸은 자연과학 관점 곧 측정의 방법으로 개별화된 물체다. 사람 마음은 인문사회과학 관점 곧 해석의 방법으로 개별화된 행위자다. 사람 몸은 물체로서 자연법칙에 따라 움직이고 사람 마음은 행위자로서 뜻에 따라 움직인다. 이것은 사람의 움직임에 자연 운동과 의도 행위가 뒤섞여 있음을 뜻한다. 어떤 움직임은 자연 반사 운동이고 다른 움직임은 의도 행위다. 나아가 한 움직임 안에 반사 운동과 의도 행위가 뒤섞여 있을 수 있다.

    인간과학은 사람을 탐구한다. 따라서 인간과학은 사람 몸과 마음의 움직임 모두를 탐구한다. 사람은 어떤 측면에서 보면 몸뚱이며 그냥 생물이다. 사람을 호모 사피엔스로서 탐구해야 할 때 우리는 자연과학의 방법을 써야 한다. 오늘날 심리학과 의학은 이 방향으로 앎을 키워 왔다. 사람은 다른 측면에서 보면 뜻을 지닌 해석체다. 사람을 행위자로서 탐구해야 할 때 우리는 인문사회과학의 방법을 써야 한다. 인간과학이 몸과 마음을 가진 사람을 제대로 탐구하려면 인간과학은 융합과학 또는 종합과학이어야 한다. 심리학, 의학, 간호학, 생활과학, 환경과학은 이미 융합과학이었다. 경제학, 정치학, 행정학, 경영학, 사회학, 건축학, 지리학, 언어학, 교육학 등 거의 모든 인문사회과학이 융합과학으로 바뀌고 있다.

0506. 행위자의 합리성을 가정하는 일은 인문학을 망치는가?

그것이 인문학을 망친다고 생각하는 것은 게으른 생각이다. "모든 행위자는 합리성을 갖는다"는 말을 누구보다도 인문과학자가 먼저 조롱한다. 그들은 자신을 그냥 "인문학자"라고 부르기를 더 좋아한다. 그들은 사람은 몸을 가졌으며 감정과 욕망과 무의식의 다스림을 받는다고 말한다. 하지만 자연과학은 몸의 탐구를 인문학보다 훨씬 더 잘한다. 감정 표현과 감정 탐구는 다르다. 인문학과 예술은 감정 표현을 더 잘하겠지만 감정 탐구를 자연과학보다 더 잘할 수는 없다. 본능과 욕망 탐구를 자연과학이 더 못할 까닭이 없다. 프로이트가 "무의식"이라 했던 것은 유전자일 수 있고, 지난날에 겪은 일의 신경 기록일 수 있고, 작은골이나 등골의 작용일 수도 있다.

  인문과학을 사람의 몸, 감정, 욕망, 무의식을 탐구하는 학문으로 여긴다면 인문과학자는 자연과학자를 자기의 상전으로 모셔야 한다. 오늘날 사람들은 자기를 더 잘 알고 싶어 철학보다 정신의학이나 심리학에 더 귀를 기울인다. 정신의학과 심리학은 몸과 감정과 무의식 탐구를 자연과학 방법을 써서 이미 잘해 왔다. 자연과학은 유전자, 호르몬, 신경전달물질, 내장 기생

충, 물질대사 불균형, 약물 따위 때문에 우리 몸이 어떻게 달라질 수 있는지를 인문사회과학보다 훨씬 더 잘 알아냈다. 당연히 유전자, 호르몬, 골, 무의식 따위는 행위자가 아니다. 뜻·의지·의도·의미·이유를 갖는 것만이 행위자일 수 있다. 인문사회과학은 다만 행위자를 탐구할 뿐이다.

0507. "사피엔스", "사람", "행위자"는 똑같은 말인가?

이것들을 함부로 바꿔 쓸 때 우리는 자주 헷갈릴 것이다. 사람은 마음과 몸의 통일체다. 물론 두루이름 "사람" 뿐만 아니라 "행위자"와 "호모 사피엔스"도 마음과 몸의 통일체를 나타낸다. 하지만 "호모 사피엔스"는 사람의 몸 측면을 강조한 이름이고 "행위자"는 사람의 마음 측면을 강조한 이름이다. 일상에서 '사람'을 '호모 사피엔스'와 같게 두곤 한다. 하지만 우리가 "먼저 사람이 되어라"나 "사람됨의 길을 찾는다" 같은 말을 할 때 "사람"은 '호모 사피엔스'를 뜻하지 않는다. 특히 "모든 행위자는 합리성을 갖는다"는 "모든 호모 사피엔스는 합리성을 갖는다"를 뜻하지 않는다. 호모 사피엔스가 모두 합리성을 갖는 것은 아니며 자연과학에서 이 가정이 필요하지도 않다.

    인문사회과학자는 의도, 의향, 의지, 의미가 있는 현상이 이 세계에 벌어진다고 믿는다. 그런 현상이 아예 벌어지지 않는다면 인문사회과학이 있을 필요가 없고 자연과학으로 충분하다. 더 정확히 말해 그런 현상이 아예 벌어지지 않는 세계에서는 이성과 이유를 갖는 이도 생길 수 없다. 그 세계에는 과학자 나아가 과학 자체가 생기지 않는다. 하지만 인문사회과학자는 뜻 있는 현상이 우리 세계에 벌어진다고 믿는다. 인문사회과학자는 뜻 있는 현상을 낳는 이를 학문의 출발점부터 전제한다. 그는 곧 행위자다. 행위는 '뜻 있는 움직임'이고, 행위자는 정의상 '뜻 있는 움직임을 일으키는 이'다. 한편 '뜻'이나 '의미'는 합리, 이성, 이유 없이 생길 수 없다. 언어철학의 용어를 빌려 말하면, 명제 태도들 사이의 논리 관계가 없다면 명제 자체가 생길 수 없다. 인문사회과학자에게 사람은 명제 태도들로 이뤄진 행위자다. 하지만 자연과학자에게 사람은 호모 사피엔스일 뿐이다. 그에게 호모 사피엔스는 물체며 세포와 분자와 원자 따위 더 작은 물체로 이뤄져 있다.

이미 말했듯이 사람의 모든 움직임, 모든 거동, 모든 행동을 행위로 여기는 일은 옳지 않다. 사람의 움직임 가운데는 행위인 것이 있고 그냥 몸 움직임인 것도 있다. 우리가 "행위"라고 할 때 이것은 '의도가 있는 행동' '뜻 있는 움직임'을 뜻한다. 하지만 "행동과학"에서 "행동"은 '행위'를 뜻하지 않는다. 인문사회과학이 행동과학의 방법을 쓸 수 있겠지만 행동과학이 곧 인문사회과학인 것은 아니다. 방법으로서 행동과학은 자연과학 방법에 가깝다. 행동과학자는 호모 사피엔스의 행동을 연구함으로써 호모 사피엔스의 자연과학을 만든다.

만일 호모 사피엔스가 순전히 자연과학 탐구의 대상이기만 하다면 호모 사피엔스의 행동에 의도가 담겨 있다고 가정하지 않아야 한다. 왜냐하면 자연과학 방식으로 개별화되는 물체는 본디 의도나 목적을 갖지 않기 때문이다. 몇몇 진화과학자들은 호미니드 짐승들 나아가 호미니니 짐승들이 의도를 갖고 행위하는 양 이야기한다. 그렇게 이야기할 때 그들은 자연과학 방법이 아니라 역사과학의 방법을 진화과학에 이미 쓰는 셈이다. 하지만 최근 엄밀 자연주의자들은 호모니니뿐만 아니라 사람한테서도 의도나 의지를 없애려 한다.

0508. 빼어난 과학철학자들은 세 과학 방법을 어떻게 생각할까?

그들은 방법을 추론, 측정, 해석으로 나누어야 한다고 생각하지 않는다. 이들 대부분은 해석의 방법이 하나의 과학 방법이 될 수 있다고 생각하지 못했다. 폴 파이어아벤트는 과학 방법에 열린 마음을 가졌으나 과학 연구를 도울 또렷한 방법을 내세우지는 못했다. 오히려 그런 것을 내세우는 것이 과학의 성장을 억누른다고 보았다. 주요 과학철학자 대부분은 관찰과 측정 사이의 또렷한 차이를 눈여겨보지 않았다. 이 때문에 측정이 자연과학을 튼튼히 할 모퉁잇돌이라고 생각하지 않았다. 그들은 "경험" "감각" "관찰" "실험" 같은 흐릿하고 헷갈리는 낱말로 과학의 본모습을 그리려 했을 뿐이다. 카르납과 콰인은 경험주의와 자연주의를 바탕으로 과학철학을 했으며 관찰명제나 감각경험을 여전히 중요하게 여겼다. 콰인, 칼 포퍼, 토머스 쿤은 한결의 원리에 바탕을 둔 측정이 객관성과 보편성의 원천이 된다는 점을 깨닫지 못했다. 이 때문에 그들은 과학의 객관성을 해명하는 데 매우 서툴렀고 오히려 객관성을 포기해야 했다. 다만 쿤은 1961년 논문 「물리과학에서 측정의 기능」에서 측정에 특별한 역할을 주었다. 그에 따르면 측정은 정상과학 시기부터 과학혁명 시기까지 줄곧 과학 활동에 긴장을 불러일으킨다.

과학철학자들이 과학 방법에 대해 주로 이야기한 것은 추론의 방법이다. 포퍼에게 과학 활동의 고갱이는 가설 반증이다. 가설 반증은 추론 방법 가운데 하나일 뿐이다. 그에 따르면 과학은 우리가 경험하고 관찰하는 것을 훌쩍 뛰어넘는 대담한 추측에서 시작된다. 그는 관찰과 경험이 더 나은 가설로 나아가는 데 오히려 걸림돌이 될 수 있다고 보았다. 그에게 과학은 영원히 정당화될 수 없는 가설 체계다. 다만 과학은 끊임없이 자라며 차츰 진리에 가까워진다. 진리에 가까이 가려면 과학자는 대담하게 추측하고 그 추측이 거짓이지 않은지 애써 따져 물어야 한다. 기존 이론을 거짓으로 드러나게 하는 일^{반증}이 우리가 할 수 있는 최선의 과학 활동이다. 이처럼 그는 자연과학의 객관성과 견고성을 뒷받침해줄 튼튼한 바탕을 전혀 갖지 못했다. 측정으로 얻은 자료는 반증되기 쉬운 자료다. 그의 관점에서도 측정은 과학에서 중요할 것 같다. 하지만 그는 왕성한 측정 활동을 그다지 반기지 않았다. 그는 과학 가설이 측정 자료를 쌓아 만들어진다고 보지 않는다. 그는 측정을 단지 이론의 반증에 이바지하는 것으로만 여길 뿐이다.

토머스 쿤과 러커토시 임레도 과학 추론에 과학의 본모습이 담겨 있다고 보고 과학 추론의 얼개를 파헤치려 했다. 쿤에 따르면 과학의 각 분야는 하나의 패러다임을 갖는다. 패러다임은 탐구해야 할 주제와 그 안에서 작업하는 방식들을 규정한다. 패러다임 없이 연구하는 이들은 연구 방향이 없어 이리저리 방황하고 연구자들 사이에 조직화도 이뤄지지 않는다. 정상과학 시기에 연구자들 대부분은 패러다임에 따라 연구한다. 이 시기에 과학자들은 주로 추론의 방법으로 과학 활동을 한다. 그것은 '패러다임 안에서 추론하기'다. 물론 패러다임 안에서 추론하기는 자연과학만의 방법은 아니다.

내 생각에 자연과학 안에 패러다임이 있다면 그것은 한결의 원리에 따라 정의된 물리량들의 이론 체계다. 뉴턴역학, 상대성이론, 양자역학은 각기 다른 체계들이다. 이들 체계는 서로 겨루어 부딪히고 더 큰 틀에서 서로 이어진다. 쿤은 패러다임과 패러다임을 같은 잣대로 견줄 수 없다고 생각했다. 내 생각에 자연과학의 체계들은 서로 견줄 수 있다. 대칭성 또는 불변성을 더 잘 지키는 체계가 더 나은 체계다. 이 점에서 뉴턴역학보다 상대성이론이나 양자역학이 더 나은 체계며, 상대성이론이나 양자역학보다 양자마당이론이 더 나은 체계다. 하지만 내 이론에서도 서로 견줄 수 없는 두 패러다임이 있다. 그것은 측정이론에 따라 짜인 자연과학 체계와 해석이론에 따라 짜인 인문사회과학 체계다.

러커토시는 포퍼와 쿤 사이에서 과학 탐구의 본모습을 찾았다. 그는 쿤의 패러다임 개념을 반증할 수 있는 연구 프로그램 개념으로 바꾸었다. 과학자들은 여러 연구 프로그램들을 견주어 더 나은 연구 프로그램으로 갈아탈 수 있다. 한 연구 프로그램을 이루는 것은 세 가지다. 프로그램의 한가운데에 있는 딱딱한 고갱이, 그것을 둘러싼 보호대, 연구자들이 따라야 하는 연구지침이다. 과학자들은 연구하는 동안에 고갱이를 쉽게 흔들지 않고 이를 굳게 믿는다. 보호대는 딱딱한 고갱이를 지켜준다. 반증 사례들이 생길 때 과학자들은 고갱이는 그대로 두고 보호대를 갈아낀다. 반증 사례들이 늘어나 보호대를 갈아끼는 정도로 고갱이를 지켜낼 수 없을 때 고갱이까지 깨뜨려야 한다. 러커토시에게 보호대가 허물어지고 딱딱한 고갱이까지 깨지는 과정은 군중심리로 일어난 혁명 과정이 아니다. 그것은 합리성에 따라 이뤄지는 점진 과정이다. 그는 자연과학 방법과 인문사회과학 방법을 따로 나누지 않았다. 그에게 과학 방법은 포퍼처럼 대체로 가설 연역과 반증 같은 추론의 방법에 한정되어 있다.

    러커토시는 과학사의 에피소드를 합리성에 따라 새로 써야 한다고 주장한다. 하지만 폴 파이어아벤트는 러커토시가 과학자의 합리성을 현실에 맞지 않게 지나치게 강조한다고 비판한다. 그가 보기에 러커토시의 과학사 재구성은 현대의 합리성으로 실제 역사를 왜곡하는 일이다. 실제 과학사는 규칙 없이 무질서하게 진행되었다. 러커토시도 과학자가 자기 연구 프로그램을 버리고 다른 프로그램으로 갈아타는 절차를 또렷이 말할 수 없었다. 파이어아벤트에 따르면 고정된 방법 없이 자유롭게 탐구하는 관행이 있을 때 과학은 더 활기를 띤다. 또 한 과학 전통에서 다른 전통으로 바뀌는 과정에 군중 심리가 끼어들 수도 있고 아름다움의 요소가 끼어들 수도 있다.

파이어아벤트는 과학 이념보다 민주주의 이념이 더 중요한 가치라고 믿는다. 시민들은 엘리트 과학자가 과학만의 방법을 내세워 시민의 믿음 체계를 옥죄려는 움직임에 반대해야 한다. 과학과 과학자는 민주주의를 흔들지 않아야 하고 시민의 생각을 억누르지 않아야 한다. 오히려 시민이 온갖 알길을 써서 온갖 앎을 얻도록 시민의 생각을 풀어주어야 한다. 그에 따르면 방법은 우리의 창조성과 상상력을 녹슬게 한다. 이 때문에 우리가 과학 방법을 거슬러야 한다고 생각했다. 그에게 과학은 주로 자연과학을 뜻했다. 그는 자연과학의 월권을 억누르려고 오히려 과학 방법 일체를 얕잡아보았다. 하지만 민주주의 이념이 더 중요한 가치라는 파이어아벤트의 생각을 정당화하는 일은 인문사회과학의 몫이다. 나는 해석을 과학 방법으로 여김으로써 인문사회과학을 합당한 과학으로 올려놓고자 했다. 나아가 인문사회과학은 자연과학으로 쪼그라들지 않으며 어느 정도 독립된 영역이라고 주장했다.

0509. 여러 가지 대안 방법들

철학자들과 인문사회과학자들이 새로운 과학 방법으로 여러 가지를 제안했다. 독일과 프랑스의 해석학자들은 이미 해석의 방법이 정신과학의 방법 곧 인문사회과학의 고유방법임을 어렴풋이 알아차렸다. 하지만 그들은 행위이론과 사회이론이 해석이론의 뼈대를 이룬다는 점은 그다지 강조하지 않았다. 그동안 인문사회과학자들이 찾은 나름의 연구 방법은 대부분 추론의 방법이거나 해석의 방법이다. 그들이 과학 방법들을 갈래짓는 데는 흐릿함과 헷갈림이 군데군데 섞여 있다. "행동주의"의 "행동"이 뜻하는 것에, "심리학"의 "심"이 뜻하는 것에, "양적 방법"과 "질적 방법"에서 "양"과 "질"이 뜻하는 것에, "객관성"에서 "객관"이 뜻하는 것에 흐릿함과 헷갈림이 있다. 곳곳에 잘못 이해된 '자연주의'와 '환원주의'와 '통섭'이 있다.

    실험은 자연과학에 더 잘 어울리지만, 있는 그대로를 관찰하는 것은 인문사회과학에 더 잘 어울린다고 생각하는 과학자가 있다. 그는 있는 그대로를 관찰하는 방법을 "자연주의 조사" "자연주의 탐구"라고 이름 지었다. 이것은 오해의 여지가 있다. 사람과 사회의 현상들은 본디 '인공적'이고 '인위적'이다. 이 현상들을 '자연 방식'이나 '자연주의 방식'으로 탐구해야 한다는 것은 개념의 혼란을 준다. 이것은 번역의 문제일 수 있다. 그가 말하는 '자연'은 어쩌면 '본성'이나 '됨됨이'를 뜻하는지 모르겠다. 아무튼 실험은 실험자가 거의 개입하지 않는 것이 있고 실험자가 치밀하게 설계하고 수시로 개입하는 것이 있다. 그 개입은 있고 없고의 문제라기보다 정도의 문제다. 인문사회과학 실험들 가운데도 실험자가 적극 개입하는 것들이 많다.

　　인문사회과학 방법을 다루는 이들은 '객관성'과 '주관성' 개념에서 자주 헷갈림을 드러낸다. 바깥 물체를 다룬다는 점에서 자연과학은 '객체성'을 갖는다. 주체를 다룬다는 점에서 인문사회과학은 '주체성'을 갖는다. 하지만 자연과학이든 인문사회과학이든 그것이 과학인 한 그것은 참이거나 믿음직해야 한다. 참이거나 믿음직해야 한다는 점에서 인문사회과학도 객관성을 가져야 한다. 다만 측정이론으로 얻는 객관성과 해석이론으로 얻는 객관성은 다르다. 측정의 객관성은 우리가 자연을 바라보는 틀에 아랑곳하지 않는 대칭성, 불변성, 한결같음이다. 이 객관성 때문에 자연과학자는 자연을 설명하고 예측하는 데 일치한다. 반면 해석의 객관성은 다른 사람을 제대로 이해하는 객관성이다. 이 객관성은 참과 거짓, 착함과 못됨, 좋음과 나쁨, 아름다움과 못남 사이의 또렷한 거리를 뜻한다. 이 거리는 마음들 사이의 다름에서 비롯된다. 데이빗슨이 이미 주장했듯이 우리는 나와 너의 다름을 알게 됨으로써 진선미 개념에 이른다. 이 때문에 측정이든 해석이든 모든 객관성은 주체성과 서로주체성에 바탕을 둔다.

과학 방법을 양적 방법과 질적 방법으로 나누는 이들이 많다. 나는 여기에 "양"과 "질"의 개념 혼란이 있다고 생각한다. 양을 다룬다고 해서 그것이 자연과학 방법에 가깝고 질을 다룬다고 해서 그것이 인문사회과학 방법에 가깝다고 생각하는 것은 잘못이다. 다만 측정의 방법은 대체로 양을 다룬다. 하지만 해석으로 모은 자료도 양을 나타낼 수 있다. 한 정치인을 지지하는 시민의 수는 숫자로 나타낸다. 나아가 한 시민이 특정 정치인을 지지하는 정도를 숫자로 나타낼 수 있다. 여론조사를 바탕으로 특정 시점의 전체 유권자 성향을 추론하고자 할 때 양의 방법을 쓴다. 하지만 여론조사 방법은 측정의 방법이 아니라 해석의 방법이다. 조사자는 유권자의 비의도 움직임을 측정함으로써 지지 여부를 알아내지 않는다. 오히려 발화나 기재 같은 유권자의 의도 행위를 해석함으로써 지지 여부를 알아낸다.

내러티브 방법과 생애사 방법은 질적 방법의 대표다. 이것은 해석의 방법이다. 내러티브 방법이나 생애사 방법을 쓰는 몇몇 학자는 논리와 명제 표현보다는 비논리와 비언어 표현을 더 중요하게 여긴다. 그들은 자신의 방법이 합리주의나 주지주의 또는 이성중심주의의 대안이라고 잘못 생각한다. 이 잘못은 명제, 논리, 추론, 이성을 많이 쓰는 방법이 오히려 자연과학 방법에 가깝다고 착각한 데서 온 것 같다. 내러티브, 생애사, 개인사, 구술사, 자서전, 문화기술지 따위의 '질적 방법'은 탐구 대상이 되는 행위자가 목소리 내어 말하는 것, 그가 글로 쓴 것, 그가 뜻을 갖고 한 일들을 해석하는 데서 시작한다. 사람을 연구하더라도 인문사회과학 연구가 자연과학 연구와 다른 점은 인문사회과학은 사람은 의도와 목적과 주체성을 갖는다고 가정한다는 점이다. 내러티브 방법과 생애사 방법은 바로 이를 처음부터 가정한다. 행위자의 명제 태도를 해석하지 않은 '질적 방법'은 인문사회과학다운 방법일 수 없다.

고마움

학교 수업을 떠나 공부하는 버릇은 아주 오래되었다. 대학생 때는 제리 마리온, 케이스 사이먼, 레프 란다우의 고전역학 책들을 읽었다. 이때 공간의 동질성, 공간의 등방성, 시간의 동질성으로부터 운동량보존법칙, 각운동량보존법칙, 에너지보존법칙을 추론할 수 있다는 사실에 매우 놀랐다. 1993년 대학원에 진학해서도 수업에 아랑곳하지 않고 레슬리 밸런타인의《양자역학》을 성경 읽듯이 읽었다. 슈뢰딩거 방정식이 두 가지 한결같음^{대칭성}으로부터 추론될 수 있음을 알게 되었다. 하나는 상태공간의 좌표를 바꾸어도 물리량의 고유값 스펙트럼이 불변한다는 한결같음이다. 다른 하나는 상태공간의 좌표를 바꾸어도 개별 사건의 일어남직함^{확률}이 불변한다는 한결같음이다. 이 앎이 준 깨달음이 너무 커서 물리학의 바탕을 더 깊게 탐구하고 싶었다. 이 탐구에 몰두하려고 대학원을 자퇴했다. 나 나름의 출가인 셈이다. 그 당시 학교의 선생, 선배, 동료 가운데 나의 궁리를 나눌 이가 없다고 생각했다. 박병준은 오랫동안 내 서툰 이야기를 들어주었다.

해군에 자진 입대한 뒤 두 달도 되지 않아 집안이 풍비박산되었다. 어쩔 수 없이 경제 활동을 해야 했는데

전역하자마자 아무런 계획도 없이 갑자기 또 섣불리 철학과 대학원에 들어갔다. 1997년 석사 1년차 가을학기 신오현 선생의 수업「존재론연구」에서 나는「콰인의 불확정성 논제들에 대한 자연학의 답변과 선험 존재론으로서 메타자연학의 과제」라는 거창한 제목으로 기말 에세이를 썼다. 여기서 나는 "모든 사람에게 똑같이 보이는 오직 하나의 자연이 있다"는 원리로부터 자연과학을 재구성할 수 있음을 주장했다. 콰인과 데이빗슨을 조금 더 공부한 뒤 '사랑의 원리'가 정신과학을 낳는 바탕 원리라고 생각하게 되었다. 1998년 여름방학을 마친 뒤 내 생각을 확대하여 200쪽짜리 석사논문을 제출했다. 신오현 선생은 엄청난 논문이라면서 이를 곧장 책으로 출판해야 한다고 말씀했다. 내 논문은 참신했지만 맞춤법이 틀린 곳이 많았고 사실 매우 조잡했다. 신 선생은 그만큼 이 논문에 감동했던 모양이다.

  학위 논문을 제출하기 전에 예비심사가 있다. 지도교수 신오현은 그 예비심사장에 오지 않고 퇴근했다. 다른 교수들과 사이가 매우 좋지 않았고 1997년 겨울부터 커다란 다툼이 있었다. 이 다툼은 당시 MBC 2580에서 다루었을 만큼 시끄러웠다. 신 선생 측은 이 다툼에서 졌고 그를 따르는 제자 가운데 시간강사들은 1998년 봄학기 강의 배정에 제한이 있었다. 또한 당시 나머지 교수들은 신 선생 제자들의 학위 논문 심사를 깐깐하게 할 태세였다. 예비심사에서 지도교수를 뺀 나머지 교수 모두가 내 논문의 접수를 거부했다. 논문 접수 거부는 거의 처음 있는 사례였다. 학생은 논문을 제출할 권리가 있고 교수들은 그 논문을 심사하면 될 일이다. 논문을 제출할 권리마저 빼앗는 일은 대학에서 있을 수 없는 일이다. 신 선생은 자정이 넘은 뒤 다른 원로 교수들에게 전화해 입에 담기 어려운 상스러운 욕을 퍼부었다. 다음 날 나는 다른 교수들의 원흉이 되었고 한 원로 교수의 표현으로는 "오만방자한 놈"이 되었다.

나는 당시 너무 가난해 한 학기라도 빨리 졸업하고 싶었다. 학과장과 협상했고 내 논문을 거부한 다른 교수들의 체면을 생각해 논문을 크게 고쳤다. 고친 논문에서는 '한결의 원리' 부분을 모두 빼 버렸다. 교수들은 본격 심사에서 나를 떨어뜨리려 했다. 논문 공개 발표 자리에서 나는 버릇없이 교수들과 목소리를 높여 논쟁했지만 논문은 무사히 통과됐다. 2013년 SBS에서 방영한 《별에서 온 그대》의 천송이는 내 석사논문을 표절했다. 이에 도민준은 이렇게 말했다. "첫장의 개론은 1999년 논문 「데이빗슨의 심리철학과 해석론을 중심으로 본 사유의 조건으로서 사랑의 원리」를 그대로 베꼈네요. '사랑은 옵션이 아니라 조건이다. 심적인 것의 본성이다'라는 문구까지 그대로." 천송이가 표절한 이 문구는 이 책 제04장의 핵심 주장 가운데 하나다. 석사논문에서 마지못해 뺀 부분은 박사논문에 들어갔다. 박사학위논문은 석사과정 입학 후 10학기째 제출되었고 그 학기에 통과됐다.

그때는 나를 막을 교수가 아무도 없었다. 나를 과소평가한 교수들이 나와 내 논문에 줄 수 있는 핀잔은 고작 "대학자처럼 말하네"라고 비꼬는 것뿐이었다. 하지만 이 말은 틀리지 않은 말이다. 대학자가 아니면서 나는 대학자처럼 말했다.

한결의 원리를 다루는 논문을 학술지에 여러 번 투고했다. 2010년 7월 1일 강원대학교에서 열렸던 한국과학철학회 학술대회에서 「자연의 원리: 측정과 자연현상」을 발표했다. 이 논문에 크게 공감한 이는 이중원 선생과 이정민 선생이었다. 2011년 한 학술지에 투고했지만 거절되었다. 몇 년 지난 뒤 용기를 내 다시 투고하여 2015년 3월 31일 《과학철학》에 겨우 실릴 수 있었다. 한결의 원리와 두 가지 한결같음으로부터 양자역학의 체계가 추론될 수 있음을 지루하게 늘어놓았다. 이 논문에서 내가 말하고자 한 것을, 양자역학 이야기를 뺀 채, 이 책 제03장에 옮겨 놓았다. 사랑의 원리를 다루는 논문은 아직 학술지에 실리지 않았다. 다만 2007년 2월 14일 고려대학교에서 열린 한국논리학회 정기발표회에서 「사랑과 해석」을 발표하면서 이를 다루었다. 중앙인사위원회 공무원 시절 부랴부랴 쓴 너무 볼품없는 논문이라 학술지에 투고하지는 않았다. 당시 김한승 선생이 이 논문을 논평했다. 나의 두 학위 논문과 「사랑과 해석」에서 말하고 싶었던 것을 이 책 제04장에 담았다.

2019년에는 여러 과학 방법을 간추린 글을 써서

《두뇌보완계획 200》 제7장에 담았다. 이 글을 넓히고 늘여 지금 책을 만들었다. 2019년 12월 7일 서울대학교에서 한국과학철학회, 한국분석철학회, 철학연구회 공동으로 학회를 열었는데 나는 「이유는 행위의 자유로운 원인이다」를 발표했다. 여기서 측정의 방법과 해석의 방법이 세계를 쪼개고 갈래짓는 두 가지 다른 방법이라고 주장했다. 2019년 7월부터 3년 동안 「인문사회과학 방법으로서 결심이론과 게임이론」이라는 이름으로 한국연구재단으로부터 연구 지원을 받게 되었다. 이 연구의 목표는 행위이론^{결심이론}이 인문과학의 방법이며, 사회이론^{게임이론}이 사회과학의 방법임을 정당화하는 일이었다. 인문과학, 사회과학, 자연과학이 서로를 보완하면서 과학의 융합과 통합을 지향할 수 있다는 것을 보이고 싶었다. 이 책은 이 연구를 마무리하는 결과물이다. 이 책을 낼 수 있도록 연구를 지원한 교육부와 한국연구재단에 감사드린다. 이 연구를 서둘러 마무리하는 까닭은 대학교, 학회, 연구재단 모두로부터 빠져나와 오래전 스물넷 청년이 꿈꾸었던 출가를 다시 감행하고 싶기 때문이다. 물론 그것은 출가가 아니라 출교다. 내가 사랑했고 나를 아프게 했던 대학교를 이제야 떠난다. 20210228 클라라

글쓴이 김명석은

물리학과 수학과 철학을 공부했습니다. 철학박사를 받은 다음 경북대 기초과학연구소 연구초빙교수, 대통령직속 중앙인사위원회 전문관, 국민대학교 교수로 연구하고 일하고 가르쳤습니다. 현재 생각실험실 대표연구원입니다. 여태 쓴 논문 또는 책으로는 「사유의 조건으로서 사랑의 원리」, 「데이빗슨의 인식론 뒤집기」, 「콰인의 평행론」, 「존재에서 사유까지: 타자, 광장, 신체, 역사」, 「여성의 세계 재구성」, 「표상과 진리」, 「심신수반, 자유를 봉쇄하다」, 「심적 차이는 역사적 차이」, 「심적 인과: 가능한 시나리오」, 「해석과 사랑」, 「분석 해석학을 위한 서문」, 「내 마음은 내 살갗 바깥에」, 「인식론에서 타자의 중요성」, 「버클리 인식론에서 사물과 타자의 공간」, 「두 딸 문제와 선택 효과」, 「나, 지금, 여기의 믿음직함」, 「현대 정보 개념 이전의 개념들」, 「입자는 측정 전에 물리량을 소유하고 있는가?」, "The Contextuality of the Possessed Values", "Ontological Interpretation with Contextualism of Accidentals", 「양자현상과 상황적 실재주의」, 「자연의 원리: 측정과 자연현상」, 「봄의 존재론 해석과 양자운동이론」, 『우리 말길』, 『두뇌보완계획 100』, 『두뇌보완계획 200』, 『정치신학논고』 따위가 있습니다. 후기분석철학의 인식론과 언어철학, 물리주의와 경험주의 비판, 언어와 사고의 기원, 의미의 형이상학, 자유의지와 심신인과, 심성의 외부주의, 진리 개념의 원초주의, 뜻 믿음 바람 행위의 종합이론, 학문의 우리말 토착화, 양자역학의 존재론 해석, 측정과 물리 현상, 해석과 마음 현상, 믿음의 철학 따위를 주로 공부하고 있습니다.

myeongseok@gmail.com

이 책은 생각실험실을

세우는 데 이바지합니다. 생각실험실은 2010년 10월 10일에 세워졌으나 지금은 잠자고 있습니다. 2022년 2월 22일에 다시 깨어날 준비를 하고 있습니다. 생각실험실은 배우고자 하는 사람들이 연구하면서 일하는 대안회사이며, 대안대학원이며, 대안연구소입니다. 생각실험실은 슬기로움을 사랑하는 이들을 위한 카페이며, 서점이며, 스튜디오이며, 독서실이며, 도서관이며, 서당이며, 서원이며, 교회입니다. 이 책을 읽고 널리 퍼뜨리는 것은 생각실험실을 다시 시작하게 하는 응원입니다.

과학 방법

1판 1쇄   2021년 4월 4일

지은이   김명석
펴낸이   김동건
디자인   스튜디오FCTR
교열자   이경은
펴낸 곳   생각생각
주소   서울시 서대문구 포방터2길 26, 3층
전화   010-7601-0584
이메일   sgsgbooks@gmail.com
ISBN   979-11-965784-7-3
가격   25,000원